# 名臣篇

邹阳◎著

山西出版传媒集团 三晋出版社

**图书在版编目（CIP）数据**

极简史记. 名臣篇 / 邹阳著 . —— 太原：三晋出版

社 , 2024. 8. —— ISBN 978-7-5457-3048-7

Ⅰ . K820.2

中国国家版本馆 CIP 数据核字第 2024373AA9 号

极简史记·名臣篇

著　　者：邹　阳
责任编辑：郭永慷

出 版 者：山西出版传媒集团·三晋出版社
地　　址：太原市建设南路 21 号
电　　话：0351—4956036（总编室）
　　　　　 0351—4922203（印制部）
网　　址：http://www.sjcbs.cn

经 销 者：新华书店
承 印 者：三河市同力彩印有限公司

开　　本：787mm×1092mm　1/16
印　　张：12
字　　数：128 千字
版　　次：2024 年 8 月第 1 版
印　　次：2024 年 8 月第 1 次印刷
书　　号：ISBN 978-7-5457-3048-7
定　　价：68.00 元

如有印装质量问题，请与本社发行部联系　电话：0351—4922268

# 目录

# 第一章 大难不死 助齐争霸——管仲

帮助齐桓公称霸的管仲（约公元前723—前645年），被后人尊称为『华夏第一相』。他与鲍叔牙的真挚友谊、与齐桓公的君臣之交，以及他治理齐国的种种方略，都为后人津津乐道。

# 一 管鲍之交

中国古代流传着很多经典的友情故事，春秋时期管仲和鲍叔牙的知交就是其中之一。管仲虽然是贵族出身，但由于家道中落，早年生活十分贫困。他和朋友鲍叔牙一起做生意，喜欢占一些小便宜，但鲍叔牙并没有因此而埋怨他。后来他们做生意失败了，鲍叔牙也不认为是管仲水平不行，而是觉得这是时机的问题。他们又一起当过兵，管仲三次临阵脱逃，鲍叔牙也不认为是管仲胆怯，并理解管仲这么做是因为家里还有需要他去赡养的老母亲。

后来，他们两人得到了齐国君主齐僖公的信任，分别成为两位齐国公子的辅臣。管仲辅佐公子纠，鲍叔牙则辅佐公子小白。公元前698年，齐僖公去世，太子即位，是为齐襄公。但是，齐襄公品行不佳，还因为一桩丑事杀了鲁国国君。管鲍二人预感齐国将会发生大乱，于是分别带着自己辅佐的公子投奔他国。管仲和公子纠去了鲁国，而鲍叔牙和公子小白则去了莒（jǔ）国。

公元前686年，齐襄公被杀，齐国陷入内乱之中。管仲和鲍叔牙感到时机成熟，分别让自己的公子出发返回齐国。管仲听说公子小白已经率先在回国的路上，于是亲自先行前往途中埋伏小白。在见到公子小白的车马后，管仲一箭命中小白，对方应声倒下。管仲以为对方已死，就带着人马返回鲁国。其实公子小白并没有被杀死，那一箭射

▲管仲像

在了他的铜制衣带钩上，他只是佯装死去。就这样，公子小白捷足先登，在鲍叔牙的帮助下成为齐国国君，也就是后来赫赫有名的"春秋五霸"之一的齐桓公。

齐桓公即位后，本来打算任命功臣鲍叔牙为国相。鲍叔牙却说："我的治国才干不如管仲，如果齐国想成就霸业，应当任用管仲为相。"

齐桓公听从了鲍叔牙的建议，不计前嫌，要求鲁国将管仲交还齐国由自己亲自处置。管仲心中明白这是鲍叔牙的计谋，在路上不停地催促押运人快马加鞭。管仲到达齐国后，齐桓公亲自迎接，并在几天后，拜管仲为相，尊称他为"仲父"。

说到和鲍叔牙的这段友情，管仲每每不由感慨："我虽是父母所生，但鲍叔牙才是最了解我的人啊！"

## 二　治齐称霸

管仲成为齐相后，开始逐步实现自己的治国理念。在他看来，一个国家想要富强，首先要得民心、爱百姓，而要做到这一点，最重要的是要想办法让百姓生活富足。只有解决了百姓的生存问题，才能进一步在思想上教化他们。为了改善人民的生活水平，管仲通过政令实行了多种经济措施，例如开发山林，发展盐铁业、渔业等，并裁减冗余的军队，实行"精兵"战略。在管仲推行的一系列政策下，齐国发展得欣欣向荣，仅仅几年间就具备了成为春秋霸主的经济实力。

公元前681年，齐桓公又听从管仲的建议，在北杏（今山东聊城东）与宋、陈、蔡、郑等国会盟。为了增强齐国的威信，那些受到邀请，却没有参加盟会的国家均被管仲派兵消灭。

公元前680年，管仲再次建议齐桓公联合宋、卫、郑三国会盟，并在第二年进行了第三次会盟。三次会盟之后，齐国在各国的威信大大提高，齐桓公也成为春秋时期第一位公认的霸主。

最终，经过管仲近三十年的经营筹划，齐桓公先后主持三次武力会盟和六次和平会盟，并帮助王室平乱一次，从而有了"九合诸侯，一匡天下"的历史美谈。不过，成就了这番王侯霸业的管仲，虽然立下大功，但态度依然谦恭。在帮助王室平乱之后，周襄王准备用上卿的尊贵礼仪为他庆功，但他只是在谦让后接受了低一级的礼仪。

## 三　临终嘱托

管仲由于长年为国操劳而积劳成疾。齐桓公亲自看望管仲，并询问他谁可以继任相位。

管仲说道："陛下应该比我更了解您的臣子。"

齐桓公问："那么，鲍叔牙可以担任国相吗？"

管仲回答："鲍叔牙是个各方面都优秀的人，但他为人善恶分明，疾恶如仇，恐怕不适合需要维持平衡的相位。"

齐桓公又问管仲，开方、易牙、竖刁三位近臣能否担当重任。对于这三个人，管仲直接表明了自己鲜明的态度，说道："开方本来可以做一国之君，可是为了追随您，连父亲的葬礼都不参加，这种不顾亲情的人一定别有用心；易牙牺牲儿子的性命来讨好您，他简直没有人性；至于竖刁，他用自残的方式来表示忠君，连自己都不爱的人，您又怎么能指望他真心忠于您呢？请您一定要远离这三个人，才能避免国家有乱。"

管仲去世后，齐桓公起初听从管仲的建议，先后任用公孙隰（xí）朋和鲍叔牙为相，并沿用了管仲留下的治国策略。但是后来，齐桓公还是亲近了易牙等三个小人，最终导致齐国内乱，齐桓公也被囚禁起来，直到活活饿死。齐桓公曾懊悔地叹息道："我现在这个样子，还有什么面目去见仲父呢？"

纵观管仲一生，他年轻时也曾困顿，但他始终没有放弃自己的政治理想。在一生知己鲍叔牙的帮助下，他得以遇见明主齐桓公并被重用，最终成为齐国在春秋乱世争霸的实际策划者。后世有名的贤臣，如蜀汉名相诸葛亮、初唐名相房玄龄，都对管仲推崇有加。由此可见，管仲无愧为"华夏第一相"。

▲青铜镈·辒。春秋时代的一种乐器，其上铭文记载了鲍叔牙有功于齐国并受齐桓公的赏赐。

## 原典精选

管仲曰："吾始困时，尝①与鲍叔贾②，分财利多自与，鲍叔不以我为贪，知我贫也。吾尝为鲍叔谋事而更穷③困，鲍叔不以我为愚，知时④有利不利也。吾尝三仕⑤三见⑥逐于君，鲍叔不以我为不肖，知我不遭时也。吾尝三战三走⑦，鲍叔不以我为怯，知我有老母也。公子纠败，召忽⑧死之，吾幽囚受辱，鲍叔不以我为无耻，知我不羞小节而耻功名不显于天下也。生我者父母，知我者鲍子也。"

——《史记·管晏列传》

### 注释

①尝：曾经。

②贾：做买卖。

③穷：古文中指不得志、失意。

④时：时机。

⑤仕：做官。

⑥见：被。

⑦走：逃跑。

⑧召忽：人名。辅佐公子纠，兵败而死。

## 译文

管仲说："我当初贫困时，曾经和鲍叔牙一起做买卖，分利润时自己总是多给自己一些，鲍叔牙并不认为我贪财，而是知道我家里贫穷。我曾经替鲍叔牙谋划事情，反而使他更加困顿不如意，鲍叔牙并不认为我愚笨，他知道时运有时顺利，有时不顺利。我曾经多次做官但多次都被国君驱逐，鲍叔牙并不认为我不成器，他知道我是没遇上好时机。我曾经多次打仗多次逃跑，鲍叔牙并不认为我胆怯，他知道我家里有老母亲需要赡养。公子纠在政治斗争中失败，召忽为他殉难，我被囚禁遭受屈辱，鲍叔牙并不认为我没有廉耻，知道我不因小的过失而感到羞愧，却以功名不显扬于天下而感到耻辱。生养我的是父母，真正了解我的是鲍叔牙啊！"

## 知识拓展

### 管鲍之交

含义：春秋初期齐人管仲和鲍叔牙相知最深，后常用管鲍之交比喻交情深厚的朋友。

造句：他们两个的友谊，真可谓管鲍之交。

# 第二章 能言善辩 擅长巧谏——晏子

晏婴（？—公元前500年），字仲，因为谥『平』，所以也被后世称为『晏平仲』，或尊称为『晏子』，是春秋时期著名的政治家、外交家、思想家。晏婴能言善辩、机智聪颖，历仕齐灵公、庄公、景公三朝，辅政长达五十余年，是春秋时期一位极具影响力的良臣。

# 一　三代齐相，克己奉公

晏子一生辅佐过齐灵公、庄公、景公三朝君王。

公元前 548 年，齐庄公被崔杼（zhù）所杀，晏子听说后，不顾个人安危，前往齐都吊唁齐庄公。他独自一人闯进崔家，脱掉帽子，捶胸顿足，扑在齐庄公的棺材上号啕大哭，然后起身扬长而去。

崔杼在一旁目睹了这一切，他想杀掉晏子，但在权衡利弊之后，还是没有下手，并对身边的人说："晏婴是百姓景仰的人，如果杀了他，我就会失去民心。"

▲晏子像

崔杼后来又逼迫大臣们都宣誓效忠于自己，晏子坚决不从。崔杼无奈之下只好拥立齐庄公同父异母的兄弟杵臼为国君，也就是著名的齐景公。晏子流传至今的很多故事，大多数正是在辅佐齐景公期间发生的。

晏子极其节俭，即使当了国相之后，也一直保持勤俭持家的作风，吃饭的时候只吃一种肉食，他的妻子也从来不穿丝绸衣服。齐景公到晏子家里，看到晏子生活艰苦朴素，想赐他黄金财宝，但被晏子婉拒了。晏子说自己已经习惯了，还有很多百姓在忍饥挨饿，比他更需要救济。齐景公感受到晏子的深明大义，于是把那些赏赐晏子的钱发放给了穷困百姓。

在朝堂之上，晏子敢于表达自己的看法，也能正直地处理事情。国君做出正确的抉择，他就服从命令；如果不能，他也会根据具体情况，劝说国君实施更为可行的措施。

# 二　二桃三士，死马杀人

齐景公身边有三个勇士，分别叫田开疆、公孙接和古冶子。他们个个勇猛无比，但是居功自傲，不讲礼义。晏子认为这三个人日后必为祸患，便建议齐景公杀掉他们。

齐景公担心用武力无法制服三人，晏子就让齐景公赏赐两个桃子给这三位猛士。

三位猛士见到两个桃子后，认为这是国君在衡量他们功劳的大小。

公孙接说："我曾经和野猪、老虎搏斗。"于是他拿了一个桃子。

田开疆说："我曾经只身退敌。"他也拿了一个桃子。

古冶子说："我曾经陪国君渡河，还斩杀了水怪大鳖（biē）！"说着拔剑而起，想要抢夺田开疆和公孙接的桃子。

公孙接和田开疆见此情形，说道："我们的勇气和力量不如你，

▲西汉墓室壁画《二桃杀三士》

功劳也没你大，取走了桃子而不让给你，是我们贪功；但是，如果就这么把桃子让给你，又会被别人耻笑是懦夫的行为。"于是二人自刎而死。

古冶子眼见二人因他而死，自感有愧，于是也自杀身亡。晏子用此一计为齐景公铲除了三个心腹大患。

齐景公喜好名马，有一次，他的一匹心爱的宝马突然死了，他大为震怒，下令把养马的小吏抓来肢解。

一旁的晏子急忙劝阻道："杀人也需要讲究方法，请问尧舜肢解人的时候，是从身体上什么部分开始的呢？"

齐景公听了晏子的话立即明白过来，尧舜是贤明的仁君，自然不会有什么肢解的方法，晏子显然是在劝诫自己。于是，齐景公改口说道："那就不肢解吧，将他处死好了。"

晏子继续说道："这个人的确该死，但是应该由臣列举他的罪状，让他死个明白。"

齐景公点头答应。

晏子就开始煞有介事地数说此人的罪状："听着，你犯了三条死罪：第一，国君让你养马，你却把马养死；第二，这匹死去的马又偏偏是国君最心爱的马；第三，就因为你养死了马，国君杀人，百姓听说之后一定会心生怨愤，诸侯听了也一定会轻视国君，所以你死有余辜。你现在可知罪吗？"

齐景公听了这一番话，立刻冷静下来，对晏子说道："还是请您将他放了吧，不要败坏了我的名声。"

就这样，晏子通过自己机智的言辞，既挽救了一个人的性命，又防止了齐景公因此背上"暴君"的骂名。


## 三　折冲樽俎，使楚妙谈


晏子的能言善辩不仅表现在对君王的谏言方面，在外交策略上也体现得淋漓尽致。

齐景公时期，齐国的国势日渐衰微，晋国取代齐国成为新的霸主。晋国为了摸清齐国的形势，派大夫范昭出使齐国。

齐景公设宴款待范昭。席间，范昭趁着酒意，要求用齐景公用过的酒具给自己斟酒。

齐景公答应照做，晏子却对近侍下令："将这些酒具撤掉，给国君另换一批。"

依照当时的礼节,酒席上君臣的酒具应该严格分明。范昭的举动显然是在试探齐景公,而晏子的强硬回击则让他明白了齐国的骨气。范昭回国后禀报,现在还不是攻打齐国的时候。后来,孔子评论此事的时候说道:"晏子能在不离开宴席的情况下,就将敌军拒之于千里之外,真是聪明的人啊!"这也就是"折冲樽俎(zǔ)"的典故由来。

齐景公后来意识到齐国的力量还不够强大,可能无法直接与晋国抗衡,便决定改善与楚国的关系,合力对抗晋国,于是派遣晏子出使楚国。

楚王一心想显示楚国的威风,因为晏子身材矮小,楚王便命人在大门旁边特意开了一个小门来接待晏子,想以此羞辱他。

晏子拒绝了,并说道:"只有出使狗国的人,才从狗门进去。我现在出使的是楚国,不应该走狗门。"

接待晏子的官员听后十分惭愧,只好请晏子从大门进去。

楚王见到晏子后,又故意问道:"堂堂齐国,竟无人可派吗?"

晏子慨然答道:"我们齐国的首都住满了人,人们将袖子举起来可以遮天蔽日,甩一把汗水就如同下雨一般,行人们走在路上肩膀擦着肩膀,脚尖都能碰着脚跟,您怎么能说齐国没有人呢?"

楚王又问:"既然如此,为什么派你这样的人来出使?"

晏子对答如流:"我们齐国派遣使臣是很有讲究的,对于那些拥有贤明君主的国家,我们就会派上等的使臣;反之则派下等的使臣。我是最下等的使臣,所以只好出使楚国了。"

楚王一时间愕然，只好借饮酒来掩饰尴尬的气氛。

于是，晏子通过这些巧妙的外交辞令，展现出了齐国的气势，震慑了其他轻视齐国的诸侯国。

晏子在齐国为相长达五十余年，他的个人作风和政治智慧一直为人所津津乐道。而他最令人称道的，正是这些饱含智慧的言辞。无论是劝谏齐景公时的幽默婉转，还是出使楚国时的绵里藏针，晏子的言辞都兼具灵活性和原则性，总能取得良好的效果。晏子以他的语言艺术在历史上留下了浓墨重彩的一笔。

# 原典精选

晏子为齐相，出，其御①之妻从门间而窥其夫。其夫为相御，拥大盖，策驷马，意气扬扬，甚自得也。既而②归，其妻请去③。夫问其故。妻曰："晏子长不满六尺，身相齐国，名显诸侯。今者妾观其出，志念④深矣，常有以自下者⑤。今子长八尺，乃为人仆御，然子之意自以为足，妾是以求去也。"其后夫自抑损⑥。晏子怪而问之，御以实对。晏子荐以为大夫。

——《史记·管晏列传》

## 注释

①御：车夫。

②既而：一会儿。

③去：离开。这里指离婚之意。

④志念：志向、抱负、思想。

⑤以自下：指晏子谦逊、甘为人下之意。

⑥抑损：谦逊，自让。

## 译文

晏子做了齐国宰相，一次外出，车夫的妻子从门缝里偷偷地看她的丈夫。她丈夫是宰相的车夫，头上遮着大伞盖，挥鞭赶着四匹马，神气十足，扬扬得意。车夫回到家里，他的妻子要求离婚。车夫问她离婚的原因，妻子说："晏子身高不足六尺，却做了齐国的宰相，名声在各诸侯国间显扬。今天我看他外出，面色沉重，思虑很深，有那种甘居人下的谦逊态度。可你身高八尺，不过是做人家的车夫，但看你的神态，却非常满意自在，因此我要求和你离婚。"从此以后，车夫就谦逊恭谨起来。晏子感到很奇怪，就问车夫，车夫如实相告，晏子就推荐他做了齐国的大夫。

## 知识拓展

## 化橘为枳、南橘北枳

《晏子春秋》载，齐国相国晏子因个子矮小、相貌不佳，常被人嘲笑。出使楚国时，楚国国君为了刁难羞辱他，故意提来两个犯偷窃罪的犯人，都是齐国人。

楚国国君问晏子："难道齐国人天生就善于偷东西吗？"

晏子十分机智，没有直接回答这个问题，而是说："我听说橘子生长在淮河以南就是橘子，生长在淮河以北就变成枳了。这是因为它们生长的水土不相同。老百姓生长在齐国不偷东西，到了楚国就偷东西，莫非是楚国的水土使百姓变得善于偷东西吗？"

楚国国君听后，深为晏子的机智所折服。

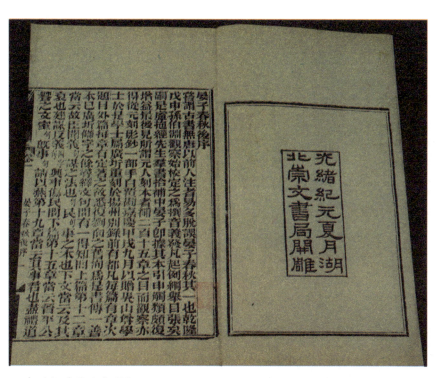

▲清刻本《晏子春秋》

# 第三章 为父报仇 成就霸业——伍子胥

伍子胥（公元前559—前484年），名员，字子胥，春秋时期楚国人。少时曾惨遭灭门之祸，一夜白发过昭关，大破楚国为父报仇，为奸人所陷自尽而亡……他的人生故事在后世流传，成为评弹、戏曲和评书等传统民间艺术中常见的题材。

# 一　灭门之祸

伍子胥的父亲是楚国太子的老师伍奢，和费无忌一起教授太子建读书。

公元前527年，秦楚联姻，太子建将要迎娶秦哀公的妹妹孟嬴为妻，楚平王派费无忌前去秦国迎亲。但是，费无忌在见到孟嬴的美貌后，竟极力劝说好色的楚平王将她纳为己有，以此来向楚平王献媚。楚平王鬼迷心窍，用一个齐国女子将孟嬴调包，而自己娶了孟嬴。

从此以后，费无忌果然深得楚平王的信任。但事情总有败露的一天，费无忌担心太子建即位后会杀掉自己，便向楚平王诬告太子建和伍奢正在联合密谋造反。楚平王听信了他的谗言，将伍奢抓了起来，又派人去杀太子建，太子建出逃。

费无忌决心斩草除根，对楚平王说道："伍奢还有两个儿子，都很贤能，如果不一并杀掉的话，日后恐怕会成为祸患。"

于是，楚平王派人对伍奢说道："你如果能将你的两个儿子招来，就能保住你的性命。"

知子莫如父。伍奢说道："我的大儿子伍尚为人仁厚，我召他他就一定会来。但是小儿子伍员为人刚烈，又有谋略，他一定不会来。"

果然，当楚平王派人拿着伍奢的信找到伍奢的两个儿子时，伍尚以孝为先，明知楚平王是假意召见实为杀害也毅然前往，但是他让弟

伍子胥

▲伍子胥像·《清刻历代画像传》

弟伍子胥逃跑，以图为父报仇。

伍奢听说伍子胥逃跑后，说："楚国恐怕将要陷入战争了。"随后，他与儿子伍尚一同被杀。而伍子胥，他那惊心动魄的复仇之旅才刚刚开始。


## 二　惊险逃亡

伍子胥听说太子建去了宋国，准备前去投奔。到了宋国，正好遇上宋国内乱，于是就和太子建一起投奔郑国。郑国人本来十分优待他们，但太子建却与晋国国君密谋夺取郑国权力，事败后太子建被杀，伍子胥只能再次踏上他的逃亡之路。

伍子胥为了逃命，白天躲在深山丛林之中，半夜披星戴月地赶路，终于逃到了楚国的边境昭关。由于此时楚国已经发布了对伍子胥的通缉令，昭关的盘查十分严密。伍子胥因为无法出关，愁得几天都睡不着觉，一头黑发都变白了。

伍子胥好不容易才闯过昭关，又被一条大江拦住了去路。眼看江流湍急，幸好一位好心的渔夫让他登船渡江。

过江之后，伍子胥解下自己的宝剑，准备送给渔夫，他对渔夫说："这把宝剑也值个百金，就送给你吧。"

不料渔夫却拒绝了他的馈赠，说道："按照楚国现在的法令，只要把你捉了去见楚王，就能得到五万石的赏赐，还能加官晋爵。赏赐、爵位我都不在乎，怎么还会贪图你的宝剑呢？"

伍子胥几经辗转逃到了与楚国有着利益冲突的吴国，结识了吴国公子光。吴国此时的国君是公子光的堂兄弟僚，但公子光却拥有极大的军事权力。伍子胥看出了公子光有将吴王僚取而代之的野心和实力，他决定先帮助公子光夺取王位，然后再借助公子光的力量来实现对楚国的复仇。

公元前 516 年春，在伍子胥的谋划下，公子光趁吴王僚发动大量兵力进攻楚国之机，派出刺客专诸成功刺杀了吴王僚。随后，公子光即位，是为吴王阖闾，伍子胥因功成为重臣，也将正式开始他的复仇大计。


## 三 大仇得报


不过，此时的伍子胥充分展现了他异于常人的忍耐力。他并没有急于建议吴王伐楚，而是暂时将仇恨搁置一边，开始着手提升吴国的国力。在伍子胥的帮助下，吴国兴修水利、发展农桑、改革政治，经济实力大为增强，短短几年时间，已经具备了与楚国决战的实力。

随后，吴王拜名将孙武为统帅，连续进攻楚国。最终，吴国联合唐、蔡二国在汉水边大败楚军主力，吴军直捣楚国国都。此时，当初将伍子胥灭门的主凶楚平王已死，他的儿子楚昭王眼见吴军势如破竹，干脆弃都而逃。伍子胥气愤难平，便掘开楚平王的坟墓，挖出他的尸体，用鞭子抽打了三百下才停下，算是为父亲和哥哥报仇雪恨。

▲（日）月冈芳年《淮水月伍子胥》。伍子胥沿淮水行军片段（后攻入楚国都城），躺者为渔民。

当然，伍子胥的这一行为也招来了一些非议。他当年的旧友申包胥认为他为了一己私仇，借助别国兵力入侵自己的祖国，又如此对待已经死去的人，简直伤天害理。伍子胥却说："我已经老了，眼看活一天是一天，急着报仇也没有其他办法，只能逆着事理这么做了！"

## 四　悲剧结局

吴国在击败强敌楚国后，又将目标对准越国。吴王阖闾后来死于与越国的一场战争中，伍子胥则受命作为相国，辅佐太子夫差。夫差一开始励精图治，击败了越王勾践。但好大喜功的夫差被勾践用美人计麻痹，他和伍子胥的关系也受到离间。

最终，伍子胥被夫差赐死。他仰天长叹："是我帮助你的父亲成为一代霸主！是我力荐你继承王位！可是今天你却要杀了我，真是可笑。"他嘱咐家人要在他死后将他的眼睛挖出来，挂在城门之上，因为他要亲眼看着越国军队灭掉吴国。

后来，果真如他所说，吴国被越国所灭。夫差临死时，担心会在阴间见到伍子胥，用白布遮住自己的双眼，才举剑自杀。

伍子胥的一生有如一部精彩绝伦的复仇小说，跌宕起伏，颇具传奇色彩。他从家破人亡，到一夜白头，再到大仇得报，最终却再次上演了和父亲类似的命运悲剧，令人唏嘘不已。

## 原典精选

　　后五年，伐越。越王勾践迎击，败吴于姑苏，伤阖庐指①，军却②。阖庐③病创将死，谓太子夫差曰："尔忘勾践杀尔父乎？"夫差对曰："不敢忘。"是夕，阖庐死。夫差既立为王，以伯嚭④为太宰，习战射。二年后伐越，败越于夫湫⑤。越王勾践乃以余兵五千人栖于会稽之上，使大夫种⑥厚币遗⑦吴太宰嚭以请和，求委国为臣妾⑧。吴王将许之。伍子胥谏曰："越王为人能辛苦。今王不灭，后必悔之。"吴王不听，用太宰嚭计，与越平⑨。

　　其后五年，而吴王闻齐景公死而大臣争宠，新君弱，乃兴师北伐齐。伍子胥谏曰："勾践食不重味，吊死问疾⑩，且欲有所用之也。此人不死，必为吴患。今吴之有越，犹人之有腹心疾也。而王不先越而乃务齐，不亦谬乎！"吴王不听，伐齐，大败齐师于艾陵⑪，遂威邹鲁之君以归。益疏子胥之谋。

——《史记·伍子胥列传》

### 注释

　　① 指：手指，脚趾，此处受伤的应该是脚趾。

　　② 却：退却，撤军。

　　③ 阖庐：即阖闾。

　　④ 伯嚭（pǐ）：春秋时期吴国大臣，为人好大喜功，贪财好色。

　　⑤ 夫湫：古地名。在今江苏苏州西南太湖中。

⑥种：人名，越国大夫。

⑦厚币：贵重的钱财礼物。遗：赠送，此处意思即为贿赂收买太宰嚭。

⑧委国为臣妾：委，委托、托付。意思是把国家政权托付给吴国，甘心做吴国的奴仆。

⑨平：讲和。

⑩吊死问疾：吊，追悼死者。这句话意思是哀悼死去的人，慰问有病的人。

⑪艾陵：古地名。

## 译文

又过了五年，吴军攻打越国。越王勾践迎战，在姑苏打败吴军，击伤了吴王阖庐的脚趾，吴军退却。阖庐伤势严重，快死的时候，对太子夫差说："你能忘掉勾践杀你父亲吗？"夫差回答说："不敢忘记。"当天晚上，阖庐就死了。夫差继位吴王以后，任用伯嚭做太宰，操练士兵作战射击。两年后攻打越国，在夫湫打败了越国的军队。越王勾践就率领残余队伍栖息在会稽山上，派大夫文种赠送重礼给太宰嚭，请求议和，说越王愿意交出国家的主权，甘心做吴国的奴仆。吴王准备答应越国的请求，伍子胥规劝说："越王勾践为人能经受艰难困苦，如今若不一举歼灭他，今后一定会后悔。"吴王不听伍子胥的劝告，而采纳了太宰嚭的计策，和越国议和。

五年后，吴王听说齐景公去世了，新立的国君软弱，大臣争权夺利，就发动军队向北攻打齐国。伍子胥规劝说："勾践平日一餐没有两道荤菜，时常哀悼死去的人，慰问有病的人，这是将打算有所作为的。此人不死，一定会成为吴国的祸患。如今吴国有越国在旁边，就像人有心腹疾病。大王不先灭除越国却致力攻打齐国，不是很荒谬吗？"吴王不听，依然去攻打齐国。在艾陵把齐国军队打得大败，于是慑服了邹国和鲁国的国君，然后回国。吴王从此更少听从伍子胥的计谋了。

## 知识拓展

# 伍子胥过昭关——一夜白了头

伍子胥的父亲伍奢本是楚国太师，因楚王听信谗言而被杀。伍奢死后，子胥逃走。楚王下令画了伍子胥的画像，到处捉拿子胥。子胥先到了宋国，因宋国有乱，又投奔吴国。路上经过昭关（今安徽省含山县北），昭关是吴楚两国交界处，大江穿梭而过，两边是险要的山峰，并有重兵严格盘查。要过关几乎难于上青天，据传伍子胥连着几天都睡不着觉，头发一下子就白了。后来东皋公因为敬服伍子胥，帮助他成功过了关。伍子胥过昭关，一夜白了头，也就成了流传千百年的歇后语。

第四章 法家翘楚 为秦奠基——商鞅

商鞅（约公元前395—前338年），战国时期著名的政治家和思想家，法家的代表人物。他辅佐秦孝公，推行变法，使秦国一跃成为实力强大的国家，为之后强秦统一天下打下了坚实的基础，史称『商鞅变法』。不过，他在变法期间严酷的执法，也让他成为历史上颇具争议的人物。

# 一 韬光养晦

商鞅其实并不姓商，他是卫国公室，为姬姓公孙氏，名公孙鞅，又叫卫鞅，后因被秦国封于商於之地，称商君，也被称作商鞅。商鞅年轻时为魏国相国公叔痤（cuó）的家臣，担任中庶子（官名，春秋战国时，魏、秦等国常设此官，为国君、太子、相国的侍从之臣）一职。

公叔痤深知自己门下的这个年轻人很有才能，便打算等到时机成熟后将他推荐给魏惠王。不过可惜的是，还没等到合适的机会，公叔痤就病倒了。

魏惠王得知公叔痤病重，亲自来相国府探病并问公叔痤下一任相国的人选，公叔痤郑重地向君主推荐了商鞅。但是魏惠王却并不看好这个年轻人。

在魏惠王临走前，公叔痤屏退侍从，语气严肃地说："如果大王不愿意重用公孙鞅，那么就请大王一定杀掉他，千万不要让他投奔别的国家。"

待魏惠王答应并离开后，公叔痤立即找来商鞅，对他说："刚才大王来询问我魏国之后的相位人选，我推荐了你，但大王看起来并不会听我的。我身为魏相，应该先顾及国家之事再考虑个人情分，所以我建议大王如果不能重用你，就一定要杀掉你。大王也答应了我。现在你赶紧逃命去吧。"

商鞅却淡定地笑着说道："大王既然不想按您所说重用我，他又怎能听您的话杀了我呢？"

果然，魏惠王从相府回宫后，根本就没认真考虑公叔痤的建议，还对左右近臣说道："唉，公叔痤这次是真的病重了，他竟然让我用公孙鞅这么个年轻人治理国家，实在是太过荒唐了！"

后来，公叔痤去世，果然如商鞅所料，魏惠王既没重用他，也没有杀掉他。

## 二　论道变法

不久之后，商鞅的机会终于来了。当时，秦国国君秦孝公下令求取贤才，以重振先祖秦穆公的霸业。商鞅得到消息后内心大为振奋，觉得时机已到，就来到秦国，成为秦孝公宠臣景监的门客。

通过景监的引荐，年轻的商鞅终于有机会与秦孝公一谈。但初次会谈中，秦孝公却对商鞅的夸夸其谈毫不动心，甚至打起了瞌睡。之后，他还生气地对景监说道："你的这个门客，就是个只会动嘴的骗子，哪里是值得重用的人才呢？"

景监回去后批评了商鞅，商鞅却不以为然地回应道："看来国君并不能领悟当君主的方法。"

又过了五天，商鞅再次与秦孝公会谈，但秦孝公依然不是很满意，又批评了景监。这一次，商鞅说道："这次我跟国君谈论的是以德服人的王道，看来国君依然不愿采纳，那么请让我再和国君见面一谈。"

等到了第三次，秦孝公终于对商鞅所说的内容有了兴趣，甚至对景监表示还想再听一些。商鞅这就明白了，秦孝公想听的是让自己成为霸主的"霸道"。于是，在之后的会谈中，商鞅大讲"霸道"的具体策略，连着说了几天，秦孝公都不感到厌烦。

等到回去后，景监诧异地问商鞅："你是怎么做到让国君感兴趣的？"

商鞅对他说道："我开始讲让国君用能长治久安的帝王之道，能使秦国达到商、周的水平。但是国君说等不了那么多年。于是，我就给国君说了能迅速强国的方法，国君就很高兴了。"

公元前359年，秦孝公正式决定采纳商鞅的策略，开始在秦国推行变法，并召开朝会命令臣下商议此事。在朝堂之上，变法受到了秦国旧贵族甘龙等人的反对。他们认为秦国的旧法是祖上传下来的制度，并且经过了实践检验，官吏和百姓们也都已经习惯。商鞅对此反驳道："甘龙刚才所说的，恰恰代表了世俗的观念见识。但是国君要知道，聪明的人会创造新的法度，而只有愚笨的人才会一味守旧；才能出众的人能够改变规矩适应当下需要，只有平庸的人才只会遵循旧的规矩。"

这时，大臣杜挚又提出自己的看法："如果新法不能让国家获得百倍的好处，那就没必要变法。遵循和效仿旧的法度是不会出错的。"对此，商鞅立即针锋相对地回击道："商汤和周武王都是因为改变了法度才能最终拥有天下，而夏桀和商纣王都是死守旧制度才导致灭亡的。对于那些提倡变法的人，不应该指责他们的过错；而遵循旧制度的人，也没什么值得炫耀的。"

一番辩论后，秦孝公决定变法，任用商鞅为秦国的左庶长（原秦国官职名，被看作最有实际权力的军政大臣，变法后调整为二十级军功爵位中的第十级，不再有实权），并负责制定和实施新法。新法的主要内容有：改革户籍制度并实行"什伍连坐法"（每十户居民编为一个"什"，每五户编为一个"伍"，鼓励居民之间相互监督检举。一家犯法，什伍之间若不告发，则处以腰斩，主动告发则按军功折算给予奖励），推行"小家庭制"（一户人家有两名或两名以上成年男丁，如果不主动分家彼此独立生活，家里的每一个男丁担负的赋税都要加倍征收）、明令军法军功、废除贵族世袭特权、重视农业生产等改革方略。

法规制定出来后，商鞅担心新法得不到贯彻实施，就派人在都城市场的南门立起了三丈长的木头，对过往百姓宣布："谁能将这个木头移到北门去，就能获得十镒黄金。"一开始，百姓觉得不可思议，没有人上前，后来将赏金加到了五十镒黄金，就有人站出来并成功完成了任务，商鞅果然让人拿了五十镒黄金给他。商鞅用这种小小的举动让官府的威信大大提升。

新法实施后，为了维护新法的权威，商鞅又处罚了触犯新法的太子。由于太子是未来的继承人，不能对本人动刑，他便用严厉的酷刑惩治了太子的两位老师公子虔和公孙贾。眼看太子身边的人都受到了惩罚，一时之间众人都对新法有了敬畏之心，严格按照新法行事，不敢再有什么异议。

秦国就这样平稳地推行了十年新法。新法效果初显，路不拾遗，夜不闭户，家家户户过上了平安富足的日子，秦国的军事实力也大大增强。就连当初那批对新法有所怀疑的人，都纷纷自发宣传起新法的好处了。然而，商鞅知道后，说这些人是想扰乱秦国安定的乱民，将他们都迁徙到边境去了。从此大家都不敢再议论法令。至此，商鞅在秦国的威信已经接近巅峰。

# 三　攻魏受封

第一次变法成功后，秦孝公又将商鞅的职位提升为大良造（原为秦国的最高军政长官，秦惠文王之后成为爵位名，位列二十等军功爵制的第十六位）。商鞅在此期间还率军击败魏国，攻取了安邑。

公元前350年，秦国迁都咸阳，商鞅在秦国开展第二次变法。这次的新法内容主要有：严格分户制（禁止成年后的父子兄弟住在一起，以最大限度地从事各项生产活动）、推行郡县制、统一度量衡等。第二次新法实施后的第四年，公子虔再度触犯新法，被处以割掉鼻子的酷刑。但这次新法的效果更为显著，秦国更加富强，诸侯纷纷来贺，甚至连周朝天子都将祭祀用过的肉派人送给秦孝公，以示嘉奖尊敬之意。

在秦国通过两次变法强盛之际，魏国却在与齐国的交战中大败，甚至连将军庞涓也战死于乱军之中。商鞅抓住魏国势弱的机会，在第二年对秦孝公说："秦国和魏国的关系，就像人与心腹疾病一样，最后如果不是魏国吞并秦国，那就一定是秦国将魏国吞并。原因是什么呢？因为魏国凭借险要的山岭，将都城选在安邑，与秦国划黄河为界。一旦它的势力强大，就会向西入侵咱们秦国，如果处于弱势也会向东攻城略地来扩大它的地盘。现在主上圣明有才能，使得秦国强盛。而魏国自去年战败后处于劣势，咱们应该抓住这个机会攻打魏国，迫使它朝东边迁移。这样，咱们大秦就可以占据黄河和崤山这样的天险之地，也就能向东控制各国诸侯。如此，才是真正的帝王霸业！"

秦孝公采纳了商鞅的建议，令他率军伐魏。魏国则派出公子印前来抵挡来势汹汹的秦军。两军对峙时，商鞅派人给公子印送去一封信，信中写道："过去我与公子交好。现在你我各自为国君效力，我实在不忍心咱们互相攻打。我只希望能和你见上一面，将盟约订立好，痛饮一番就各自退兵，这样也能让两国都保持安定的状态。"公子印收到信后认为商鞅所说的可行，就带人前往约定地点会盟，不料商鞅早

▲商鞅方升图。这是由商鞅负责监造的秦国标准量器，中国度量衡史上极重要的珍品。

已埋伏好，将他们一行人全部俘虏。之后，商鞅趁机打败没有统帅的魏军。

魏国经过连年与齐、秦两国的交战，又都吃了败仗，经济实力大为削减，国力也日益衰弱。魏惠王对此很是忧虑，思前想后只好将黄河以西的土地割让给秦国，作为议和的条件，并将国都从安邑迁到大梁。后来，他不由感叹道："寡人真后悔当初没能听公叔痤的话啊！"

当商鞅胜利回到咸阳后，秦孝公则将商、於等十五个城邑都封给了他，他被尊称为"商君"，这也是他被后世称为"商鞅"的由来。商鞅的政治生涯也到了巅峰。


# 四　作茧自缚

商鞅变法的严苛，尽管让秦国变得强大，但也因此得罪了不少权贵子弟，他们都对他心怀怨恨。大臣赵良曾经劝过商鞅，让他应该明白事情的严重性。赵良向商鞅分析了商鞅与百里奚（春秋时期秦穆公用五张羊皮赎身的国相，因此也被称为"五羖大夫"，主政期间秦国成为"春秋五霸"之一）的执政区别，指出与百里奚相比，商鞅在作风上比较不择手段，在行事上更容易得罪人，加上严苛的刑法，让贵族们敢怒不敢言。

同时，赵良还指出商鞅已经有了功高震主的隐患，甚至还在封地内自称"寡人"，更是落人口实。最后，赵良坦率地指出，商鞅应该急流勇退，退还封地给朝廷，然后辞官到偏远的地方隐居，再劝谏国君改变一下当前朝廷的政治作风，重视官场道德，这样才能保全自己。但是，面对一片赤诚的赵良，已经有些膨胀的商鞅没能采纳这些建议，他已经钻进了自己精心编织的"权力之茧"中。

五个月后，秦孝公去世，太子继位，是为秦惠王。见到商鞅的靠山已倒，与商鞅有仇的公子虔等人纷纷跳出来，告发商鞅将要谋反。秦惠王也对商鞅早有不满，便派人前去逮捕他。商鞅连夜出逃，一直到了函谷关下，想在旅店住一晚再走。

旅店的老板并不知道眼前此人就是大名鼎鼎的商鞅，对他说道："根据商君制定的律法，我们不能留宿没有身份证明的客人，不然会受到处罚。"

到了这时，商鞅才感慨道："没想到新法居然有这样刻板的弊病！"之后，他潜逃魏国，魏国人怨恨他欺骗公子卬而打败了魏国军队，强行把他送回秦国。于是，他只好在自己的封地举兵，结果被秦兵擒杀，并将他的尸体车裂，昭告众人"不要像他一样谋反"，灭了商鞅的家族。

商鞅是一个以毕生心血致力于推广其政治理念的改革家。他对于"变法"的执念，让他的执法严酷到不近人情。一代名臣商鞅，虽奠定了秦统一六国的基础，但最后下场之惨，令人感慨。

## 原典精选

孝公既用卫鞅，鞅欲变法，恐天下议己。卫鞅曰："疑行无名，疑事无功。……是以圣人苟<sup>①</sup>可以强国，不法其故；苟可以利民，不循其礼。"孝公曰："善。"……卫鞅曰："治世不一道，便国不法古。故汤武不循古而王，夏殷不易<sup>②</sup>礼而亡。反古者不可非，而循礼者不足多。"孝公曰："善。"以卫鞅为左庶长<sup>③</sup>，卒<sup>④</sup>定变法之令。

……令既具，未布，恐民之不信己，乃立三丈之木于国都市南门，募民有能徙置北门者予十金。民怪之，莫敢徙。复曰："能徙者予五十金。"有一人徙之，辄予五十金，以明不欺。卒下令。

令行于民期年，秦民之国都言初令之不便者以千数。于是太子犯法。卫鞅曰："法之不行，自上犯之。"将法<sup>⑤</sup>太子。太子，君嗣也，不可施刑，刑其傅公子虔<sup>⑥</sup>，黥其师公孙贾<sup>⑦</sup>。明日，秦人皆趋令。行之十年，秦民大说，道不拾遗，山无盗贼，家给人足。民勇于公战，怯于私斗，乡邑大治。……于是以鞅为大良造。……居五年，秦人富强……

——《史记·商君列传》

### 注释

① 苟：假如。

② 易：改变。

③ 左庶长：秦国官职，共设四位庶长主政，类似早期丞相。

④ 卒：最终。

⑤ 法：依法惩处。

⑥ 公子虔：秦孝公之弟，太子的首傅。

⑦公孙贾：太子的右傅。黥：又称墨刑，在犯人脸上刺字，涂上再也擦不掉的墨。

## 译文

秦孝公任用卫鞅后不久，卫鞅打算实行变法，孝公恐怕天下人议论自己。卫鞅说："行动迟疑就不会有扬名立万的事业，做事犹豫不决就不会有功绩……圣人只要能使国家富强，就不必沿用旧的法度；只要能够利于百姓，就不必遵循旧的礼制。"孝公说："讲得对。"……卫鞅说："治理国家没有一成不变的办法，有利于国家就不一味仿效旧法度。所以商汤王、周武王不沿袭旧法度而能王天下，夏朝、殷朝不更换旧礼制而灭亡。反对旧法的人不能非难，而沿袭旧礼的人不值得赞扬。"孝公说："好。"于是任命卫鞅为左庶长，终于制定了变更成法的命令。

……新法准备就绪后，还没公布，恐怕百姓不相信，就在国都后边市场的南门竖起一根三丈长的木头，招募百姓中能把木头搬到北门的人赏给十金。百姓觉得这件事很奇怪，没人敢动。又宣布："能把木头搬到北门的人赏五十金。"有一个人把它搬走了，当下就给了他五十金，借此表明令出必行，绝不欺骗。这才颁布了新法。

新法在民间施行了整一年，秦国老百姓到国都说新法不方便的人数以千计。正在这时，太子触犯了新法。卫鞅说："新法不能推行，是因为自上而下在触犯它。"于是将依新法处罚太子。太子，是国君的继承人，不能施以刑罚，于是就对太子的老师公子虔处于刑罚，公孙贾处以黥刑。第二天，秦国人就都遵照新法执行了。新法推行了十年，秦国百姓十分高兴，路上没有人捡别人遗失的东西为己有的，山林里也没了盗贼，家家富裕充足。民众勇于为国家打仗，而害怕私人争斗，城内外社会秩序安定……于是卫鞅被任命为大良造。……过了五年，秦国人就富强了起来……

# 第五章 合纵连横 游说天下——苏秦 张仪

苏秦（？—公元前284年）和张仪（？—公元前309年）是战国时期著名的外交家和谋略家，也都是纵横家的代表人物。他们早年都在鬼谷子门下学习纵横之术，出山之后，苏秦以「合纵」之术联合六国抗秦，张仪则以「连横」之术破坏「合纵」。这一对同门师兄弟，共同在战国舞台上演了一出游说大戏。

# 一 早年坎坷，怀才不遇

苏秦出生于东周洛阳，少年时曾和张仪一同在齐国的鬼谷先生那里学习。鬼谷先生见到他俩都有辩才，说起话来滔滔不绝、口若悬河，就传授给他们纵横之术。苏秦学成之后，本来指望凭借一身本领能够迅速地升官发财，却不料游历各国多年，都是无功而返。家人私下里讥笑他没有正经工作，只会卖弄口舌。

苏秦觉得十分羞愧，于是闭门不出，重新温习自己所学的内容，并感慨道："我这么埋头苦读，如果不能换来荣华富贵，又有什么用呢？"终于，他在自己的旧书中选定了一本《阴符》，开始伏案钻研。一年之后，他认为自己的才学大有长进，可以凭借所学游说各国君主了。

▲鬼谷子像

苏秦先是游说周显王，但是不被重视，之后他又向西而行，去见了秦惠王。当时秦国才诛杀了商鞅，痛恨外来的谋士，因此没有采纳苏秦的"一统天下"的策略。后来，苏秦又去见了赵国的君主，还是被婉拒。一时间，自认为已经学成的苏秦，一身谋略竟无用武之地。

## 二　合纵之策，初露锋芒

苏秦并没有气馁，他打点行装去了燕国，一年之后才见到了燕国君主燕文侯。这一次，苏秦酣畅淋漓地向燕文侯分析了燕国的地理形势和政治形势，指出燕国之前的策略是错误的，并建议燕国应该与赵国合纵，这样才能使国家安定。燕文侯听后大喜，答应苏秦如果能以"合纵"的策略让燕国安定，愿意举国相报。于是，燕文侯资助给苏秦金银和车马，前去游说赵国支持"合纵"的策略。

此时，赵国之前的君主已经去世，新君主是年轻的赵肃侯。苏秦游说他道："为了您的国家安危，您一定要考虑清楚自己真正的敌人是谁。现在六国都怕秦国，但是六国的土地是秦国的五倍，兵士是秦国的十倍。只不过，六国如今各自为政，还互相攻击，这才便宜了秦国。如果您准许的话，我可以代劳联络韩、魏、燕、齐、楚一起行'合纵'之策，共抗强秦。约定如果秦军来犯任何一国，那么其他五国就要出兵相救，如果不出兵的，其他五国将会讨伐它。这样的话，秦国必然不敢轻易进攻，那么您就可以成就您的霸业了。"年轻的赵国君主被苏秦说动，资助他继续游说其他国家，"合纵"的策略初步形成。

## 三 六国挂相，衣锦还乡

有了燕赵两国的支持，苏秦正式开始施展他的"合纵"主张。他先后奔赴韩、魏、齐、楚四国，分别用激将、说危、利诱、威逼等多种游说手段顺利说服四国君主，圆满实现了他的政治理想，也让他个人获得了极大的名望和利益。至此，六国达成合纵联盟，空前团结一致地对抗秦国。苏秦被任命为从约长（合纵联盟的联盟长），并且同时佩带六国相印。

合纵策略成功后，苏秦向赵国君主复命的途中经过洛阳。由于他此时得到了六国赠予的大量车马行李及派遣协助的众多使者，随行的气势简直比得上诸侯。周显王听到消息后都有些惶恐，专门为他清扫道路，并派人去郊外犒劳。苏秦的家人在见到他后更是拜倒在地，不敢仰视他。苏秦见此情景，不由感慨万千："同是一人，富贵时亲戚都会敬畏，贫贱时亲戚却都会轻视，更不必说其他人了。如果当时我在洛阳有田产，现在又怎能佩带六国的相印呢？"之后，他散发千金赏赐给亲友，并且用百金偿还了当初向人借的一百钱路费。

苏秦凭借一人之力，维系了长达十五年的合纵联盟，最终还是因为六国之间互相不信任的脆弱关系瓦解了。之后，苏秦在齐国和燕国之间周旋多年，但始终没能再重现真正的六国合纵。

不久，他的同门张仪成为又一个耀眼的说客。

## 四　平白受辱有深意

张仪是魏国人，在和苏秦同学时，苏秦认为自己的才学是比不上张仪的。

张仪学成之后，先是去楚国游说。一次与楚国相国饮酒之后，楚相发现自己丢了一块玉璧，门客们都说："张仪这小子又穷又没有德行，肯定是他偷了大人的玉璧。"于是这些人就捉了张仪拷打，但是张仪不招，他们又只好将他释放。

张仪回到家后，他的妻子对他说道："你呀，要是不学这什么游说的学问，怎么会被这样侮辱呢？"

张仪却问道："你赶紧看看我的舌头还在不在？"

妻子有些不解地笑道："他们又没打你的嘴，舌头当然还是在的。"

张仪这才放下心来说："那就够了，舌头在就行。"

此时的苏秦则已经在联络六国合纵之事，但担心秦国的出兵会瓦解他的计划，于是想在秦国安插一个人手来暗中协助他。苏秦想来想去，觉得这种事情只能让张仪去做。

于是，苏秦派人去跟张仪说："听说你和苏秦是好朋友，苏秦现在已经大权在握了，你为什么不去见见他，让他帮你实现你的主张呢？"

张仪听后，果然来到赵国拜见苏秦，结果却被苏秦一连晾了好几

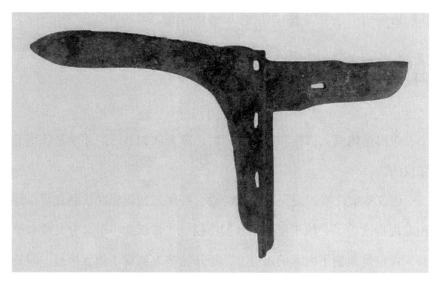

▲ "张仪"铜戈。上刻有铭文"王四年，相邦张仪"等字，说明这件戈是秦惠文王四年相国张仪督造之戈。

天，见面时对待他的态度也是冷冰冰的，甚至还奚落他不能自强。张仪满带欢喜地来见老友，结果平白无故地受到这种侮辱，自然是愤恨离开，想到诸侯国中只有秦国能与赵国一战，便前去投奔秦国。

张仪走后，苏秦却派手下跟紧张仪，并且资助他在秦国的游说活动。一直到张仪成为秦惠王的客卿，开始共谋大事的时候，苏秦的手下才要告辞离开。张仪有些困惑地说道："我现在刚刚发迹，正要报答您的恩情，您怎么就要走了？"

那位手下这才告诉他一切都是苏秦的安排："苏先生担心秦国会攻打赵国，从而破坏合纵盟约，他认为只有您能掌握秦国政权，于是激发您的斗志，让我暗中帮助您，现在您已经得到秦国重用，我就可以回去复命了。"

张仪这才叹息道:"哎呀,这些原本都是我研读的术法啊,我还是比不上苏秦啊。请回去替我感谢苏公,并转告他,只要他在赵国,我又怎敢让秦国攻打赵国?"可以说,苏秦用计让张仪成为他"合纵"策略中的一枚棋子。

不过,以张仪的辩才,又怎会一直甘心如此呢?


# 五 戏楚游说策连横


在苏秦失势后,张仪很快就开始推行与苏秦相反的"连横"策略,也就是让六国之间的关系更加恶化,而与秦国的关系修好,以此可以让秦国实现各个击破。在张仪用游说之术实现"连横"策略的过程中,最为人称道的就是"戏楚"的故事。

早在张仪刚成为秦相时,就传书警告过楚相:"当年我跟你喝酒,没有偷你的玉璧你却冤枉羞辱我。如今请你守好你的国家,我要来劫取你的城池了!"

公元前 313 年,秦国打算攻打齐国,但由于齐、楚两国缔结了合纵联盟,于是秦王派张仪游说楚怀王。楚怀王听到张仪前来,以高规格的礼仪接待了他。张仪巧舌如簧,声称会用"六百里"土地和大量美女换得秦楚两国的友谊,从而利诱楚怀王上钩。虽然楚国有能人看出事情没那么简单,但已经掉入陷阱的楚怀王还是相信了张仪,与齐国断绝关系，还把楚国相印给了张仪。

不过，等到楚王要去接收张仪空口许诺的土地时，张仪却一拖再拖，甚至耍起了无赖，改口称自己当初只允诺了"六里"土地而不是"六百里"。楚怀王大怒，发兵攻秦。结果秦国这时早已与齐国暗中建立友好关系，楚国大败，还割让了两座城池给秦国议和。后来，当秦惠王要挟楚怀王想再得到一块土地的时候，楚怀王干脆开出了"用张仪来换"的条件。张仪知道自己的价值无法与土地相比，就干脆坦坦荡荡地出使楚国，结果被楚王囚禁并准备将他杀掉。张仪暗中买通了楚王的手下游说楚王的宠妃，楚王在宠妃的求情下又放了张仪，还再次听从了张仪"连横"的策略，退出了合纵。

在游说楚王彻底由"合纵"倒向"连横"后，张仪又用了几乎和苏秦一样的游说策略，以威逼、利诱、分析利害等辩术先后游说了韩、齐、赵、燕四国国君。自此，"连横"策成，"合纵"之约彻底瓦解。在张仪的"连横"策略下，秦国最终一扫六合，完成了春秋战国后的大一统。

张仪与苏秦，作为战国时代最重要的两位纵横家，共同印证了说客的能言善辩在那个时代起到的重要作用。摇唇鼓舌之术，有时竟能比得上千军万马。其中的纵横捭阖，也颇令人回味。以一己之力推动历史的进程，这正是苏秦、张仪等纵横家的魅力所在。

## 原典精选

于是六国从<sup>①</sup>合而并力焉。苏秦为从约长，并相六国。

北报赵王，乃行过洛阳，车骑辎重，诸侯各发使送之甚众，疑于王者。周显王闻之恐惧，除道<sup>②</sup>，使人郊劳。苏秦之昆弟妻嫂侧目不敢仰视，俯伏侍取食。苏秦笑谓其嫂曰："何前倨<sup>③</sup>而后恭也？"嫂委蛇蒲服<sup>④</sup>，以面掩地而谢曰："见季子位高金多也。"苏秦喟然<sup>⑤</sup>叹曰："此一人之身，富贵则亲戚畏惧之，贫贱则轻易之，况众人乎！且使我有洛阳负<sup>⑥</sup>郭田二顷，吾岂能佩六国相印乎！"于是散千金以赐宗族朋友。

——《史记·苏秦列传》

### 注释

①从：通"纵"，即合纵。

②除道：开辟、修治道路。

③倨：傲慢。

④蒲服：同"匍匐"，意为小步匍匐而行。

⑤喟然：形容叹气的样子。

⑥负：享有。

### 译文

于是六国达成合纵联盟，同心协力对抗秦国。苏秦做了合纵长，同时兼任六国国相。

　　苏秦北上向赵王复命，途中经过洛阳，车马行装前行，各诸侯派来送行的使者很多，威仪更像帝王。周显王听说后很害怕，找人为他清除道路，并派使臣到郊外迎接慰劳。苏秦的兄弟、妻子、嫂子都斜着眼不敢抬头看他，俯伏在地上，恭敬地服侍他用饭。苏秦笑着对嫂子说："你为什么以前那么傲慢，现在却这么恭顺呢？"他的嫂子俯伏地上，弯曲身子，匍匐到他面前，脸贴着地面请罪说："因为我看到小叔您地位显贵，钱财多。"苏秦感慨地叹息说："同样是我这个人，富贵了亲戚就敬畏我，贫贱时就轻视我，何况众人呢！假使我当初在洛阳近郊有两顷良田，我怎么还能佩带上这六国的相印呢？"随后他散发了千金，赏赐给宗族亲戚朋友。

## 知识拓展

## 合纵连横

简称纵横，战国时期纵横家所宣扬并推行的外交和军事政策。公孙衍首先发起，由苏秦游说六国，推动六国最终完成联合抗秦。秦在西方，六国在东方，因此六国土地南北相连，故称合纵；与合纵相对，秦国自西向东与各诸侯结交，自西向东为横向，故称"连横"。

# 第六章 广交门客 礼贤下士——战国四公子

战国末期，随着秦国逐渐强盛，六国为了抵御秦国的入侵，都在极力搜求人才，在这样的背景下，养士之风盛行。六国的宗室中出现了广交门客、礼贤下士的贵族风度。其中，魏国信陵君魏无忌（？—公元前243年）、赵国平原君赵胜（？—公元前251年）、楚国春申君黄歇（公元前314—前238年）、齐国孟尝君田文，被后世并称为『战国四公子』，因封号都有君字，又称『战国四君子』，他们的故事也为后人所津津乐道。

# 一　弃子逆袭，鸡鸣狗盗：孟尝君的用人之得

孟尝君名叫田文，他的父亲田婴是齐威王的小儿子，齐宣王的异母弟。田婴在齐威王一朝掌管军队，在齐宣王时出任国相。后来田文在田婴死后继承了爵位，是为孟尝君。

不过，田文差点儿就成了被遗弃的孩子。因为他父亲田婴的姬妾比较多，共有四十多个儿子，田文的母亲又是小妾，所以家庭地位并不高。田文在五月五日出生，由于迷信，父亲认为他会危害到父母，就让田文的母亲将他扔掉。幸好，母亲还是偷偷把他抚养长大。但是，田文也因此并不受父亲喜爱。

有一次，田文问父亲："儿子的儿子叫什么？"父亲答道："孙子。"田文接着问："孙子的孙子叫什么？"父亲答道："玄孙。"田文又问："玄孙的孙子呢？"父亲也很无奈："这我就不知道了。"

于是，田文说道："父亲执掌齐国军政多年，可是齐国的领土却没有增大；咱们家拥有大量财富，可门下却没有一位贤士。现在您的姬妾可以践踏绫罗绸缎，门客们却连粗布短衣都穿不上；您的奴仆都有剩余的饭食肉羹，可门客连糟糠也吃不饱。现在您还一心只顾积累钱财，想留给那些连称呼都已经叫不上来的人，却忘记了国家在列国中一天天变得弱小。这样实在叫我觉得奇怪。"

听完这些话，田婴受到触动，开始器重田文，让他主持家事，接

待宾客。从此宾客一天比一天多，田文的名声也渐渐传到列国中。于是，列国纷纷派人来请求让田文承袭爵位，田文这才成了田婴的继承人。

后来，孟尝君田文门下食客多达几千人。他对这些门客都热情接纳，不分贵贱，吃住待遇一律与自己相同。因此，有很多能人异士都乐意归附孟尝君。

秦国听闻孟尝君的名声，就想邀请他来秦国。孟尝君看出其中利害，并没有前往。但过了几年后，齐国国君齐湣（mǐn）王还是派孟尝君到了秦国。秦昭王很赏识孟尝君，请他立即担任国相。可朝中大臣劝秦王说，孟尝君毕竟是齐国宗室，肯定不会真正为秦国考虑。于是秦王将孟尝君囚禁起来，企图杀了他。

孟尝君意识到情况危急，就派人去找秦昭王的宠妾请求解救自己。宠妾提出条件："我想要孟尝君的白狐裘。"

孟尝君的白狐裘价值千金，天下只有一件，孟尝君刚到秦国时就已经献给秦昭王了。他犯了难，问遍了门客，大家都想不出办法。

这时，有一位擅长偷鸡摸狗的门客站出来说道："我能取回那件白狐裘。"

当夜，门客就扮成狗的样子混进秦宫中的仓库，取出了那件白狐裘，孟尝君让人将它献给了秦昭王宠妾。在宠妾的求情下，秦昭王这才释放了孟尝君。

孟尝君获释后，立即乘快车逃离咸阳。夜半时分，秦昭王又后悔放走了孟尝君，于是立即派人前去追捕。孟尝君一行此时到了函谷关，按规定必须鸡鸣时来往客人才能出关。

孟尝君正着急，门客中又有个会学公鸡打鸣的，他一学鸡叫，附近的鸡就都一起叫了起来，孟尝君他们便立即出示了证件，逃出了函谷关。

当初，孟尝君接纳这两个人的时候，门客们都耻于跟他俩为伍。直到这次靠着这两个鸡鸣狗盗之徒才成功脱险，门客们都非常佩服孟尝君的识人能力。


## 二 毛遂自荐，锋芒毕露：平原君的用人之失

平原君名叫赵胜，是赵国的一位公子。赵胜好客养士，远近宾客投奔到他门下的有好几千人。平原君担任过赵惠文王和孝成王的国相，经历了三次罢官和三次复职。

赵惠文王九年，秦国围赵国邯郸时，赵王曾派平原君去楚国求援。平原君要带上二十名文武兼备的门客，却只选出了十九人。这时门客中有个叫毛遂的人，向平原君自我推荐，请求一同前往楚国。

平原君问道："先生在我门下到现在有几年了？"

毛遂回答道："到现在已经整整三年了。"

平原君于是说道："有才能的贤士活在世上，就如同锥子放在口袋里，它的锋尖立即就会显露出来。如今先生在我门下已三年，我却从来没有听说过你，也没听门客里有人称赞你，想来是因为你没有什

么特长啊！"

毛遂就笑着回答："那我今天就请您把我放在口袋里吧。假如我早就被放在口袋里，露出的何止是一点锋尖，恐怕整个锥锋都会露出来啊！"

平原君见到毛遂信心满满，就同意让他一同前去。

到了楚国后，平原君与楚王谈判结盟之事，从早晨到中午都没能定下来，于是毛遂跑到了殿堂上准备给平原君出主意。楚王见他不守规矩地跑了上来，厉声呵斥他赶紧下去。

毛遂却紧握剑柄，走向前去说道："大王之所以敢呵斥我，不过是倚仗楚国人多势众。现在我与您相距只有十步远，这十步之内您的人再多也没用，您的性命就在我手中。楚国领土纵横五千里，威势如此强大，却被秦将白起那个毛头小子数次击败，难道大王您就不觉得羞耻吗？赵楚两国结盟，是为了楚国的利益，您为何还要喝退我？"

楚王听后，立即转变态度，答应签订盟约，并誓不反悔。

平原君回到赵国后，感慨道："我自以为不会遗漏天下的贤能之士，没想到竟然遗漏了毛先生。在楚国，凭着先生的能言善辩，竟好像能胜过百万大军。我不敢再说我能识人了。"于是拜毛遂为上客。

平原君在人才考察上有所缺漏，执政时也过于着急扩张领土。由于他的决策失误，导致秦国在攻打韩国时转攻赵国。长平之战中，平原君和赵孝成王又轻率地否定了名将廉颇的消耗防守策略，而重用只会夸夸其谈的赵括为统帅，结果赵军一败涂地，赵国甚至险些亡国。

## 三 秦国之患，公子无双：德才兼备的信陵君

信陵君名叫魏无忌，是魏昭王的小儿子、魏安釐（xǐ）王的异母弟。昭王去世后，安釐王即位，封魏无忌为信陵君。

信陵君为人仁爱宽厚，待人谦逊有礼，从来不会因为自己富贵的身份而轻慢士人。当时魏国正在走向衰弱，他就效仿孟尝君、平原君招揽门客。信陵君的贤能一直为人称赞，因此方圆千里的士人都争相归附于他，他的门客一度多达三千人。因为信陵君的存在，秦国连续十几年都不敢对魏国动兵。

当时，魏国有个隐士叫侯嬴，已经七十岁了，生活贫苦，是魏国首都大梁城东门的看门小官。信陵君听说了这个人，就派人去慰问，并想送他一份厚礼。但是侯嬴不肯接受，于是信陵君亲自到东城门去迎接侯嬴。侯嬴故意表现得很无礼，还让信陵君亲自驾车带他去会见他的朋友，信陵君都表现得毫不介意。

于是侯嬴认定信陵君是一位真正有品行的君子，成为信陵君的座上常客。侯嬴还对信陵君说，他拜访的那位朋友朱亥，是个贤能的人，只是人们都不了解朱亥，所以才隐没在了市井中。于是，信陵君又多次前往拜见朱亥，朱亥故意不回拜答谢，这让信陵君感到有些奇怪。

长平之战，秦军大败赵军，接着兵围赵国都城邯郸。信陵君的姐姐是平原君的夫人，多次向魏国请求救兵。魏王派将军晋鄙带领十万

▲清·吴历《人物故事图册》之信陵君。

之军去救赵国。秦昭王得知这个消息，就派使臣告诫魏王说："谁敢救赵，我攻下赵国后一定调兵先攻打它。"魏王很害怕，就派人让晋鄙暂停进军，在邺城驻扎了下来。

赵国那边战况越来越危急，信陵君为此忧虑万分，屡次请求魏王赶快出兵，又让门客辩士们千方百计去劝说魏王。但是魏王害怕秦国，始终不肯听从他的意见。信陵君于是凑集了战车一百多辆，打算带着门客们赶到战场上去同秦军拼命，与赵国人一起死难。

信陵君带着车队经过东门时，去跟侯嬴诀别。侯嬴支开旁人，低声说道："我听说晋鄙的兵符就放在魏王的卧室内，而魏王有个爱妾如姬常出入魏王的卧房，一定能偷到兵符。我还听说如姬的父亲被人所杀，一直想报仇却没成功。如姬曾对您哭诉，是您派人帮她报父仇的。您如果开口请如姬帮忙把兵符偷出来，她一定会答应的。"

信陵君听从了侯嬴的计策，如姬也果然盗出了晋鄙的兵符。

信陵君拿到兵符准备上路，侯嬴又对他说："我的朋友朱亥是个

▲秦代错金杜虎符。虎符为中国古代调兵遣将的凭证。

大力士，可以跟您一起前往。晋鄙验明兵符倘若仍不交兵权，反而再请示魏王，那么情势就危险了。如果发生这样的事情，可以让朱亥击杀他。"

信陵君听后，哭道："晋鄙是经验老到的悍将，恐怕是不会听从命令的，我这回应该是要杀死他了。"

到了邺城，晋鄙果然心生怀疑，打算拒绝接受命令。这时，朱亥取出藏在衣袖里的大铁椎，将晋鄙一椎击杀。于是，信陵君统率了晋鄙的军队，整顿部队，选出精兵八万人，前往攻击秦军。最终秦军解围撤离而去，邯郸得救，保住了赵国。

赵王和平原君到郊界来迎接信陵君。赵王连着两次拜谢，平原君也认为自己不敢与信陵君相比。魏王得知信陵君盗走兵符，击杀晋鄙，大为恼怒。信陵君早已料到，就让部将带着部队返回魏国去，自己和门客则留在了赵国。

信陵君留在赵国十年，秦国听说后就日夜不停地发兵向东进攻魏国。魏王焦虑万分，就派使臣去请信陵君回国。在两位贤士的劝谏之下，信陵君最终回到了魏国。

魏王见到信陵君，两人不禁相对落泪，魏王更是授予他上将军这个统率军队的最高职务。诸侯们得知信陵君担任了上将军，都各自调兵遣将救援魏国。信陵君率领五国联军大败秦军。

秦王担忧信陵君进一步威胁秦国，用重金买通魏国上下，教他们在魏王面前毁谤信陵君：诸侯国只听说有魏公子，不知还有魏王。还说信陵君想取代魏王。渐渐地，魏王对信陵君心生嫌隙，最终罢黜了他。信陵君只得称病，闭门不出，每日纵情声色，终于因饮酒过度，患病去世了。

秦王听到信陵君已死的消息，就派蒙骜一举攻下魏国二十座城邑。从此之后，秦国一点一点蚕食魏国领土，十八年后终于攻破魏国都城。

## 四　辅国执权，移花接木：死于权谋的春申君

春申君是楚国人，名叫黄歇。他早年曾周游各地，知识渊博，后在楚顷襄王治下任职。顷襄王认为黄歇辩才好，就派他出使秦国。

当时楚国的大片国土已被秦国占领，秦昭王正在谋划继续攻打楚国。黄歇打听到这个消息，担心秦国一旦发兵会灭掉楚国，于是凭借自己的口才，向秦王陈说各国的利害关系，打消了秦国出兵楚国的念头。同时，秦王派使臣给楚国送去厚礼，秦楚形成盟约。

后来，黄歇和太子完又成为被派往秦国的人质，黄歇疏通关系，才说服楚王改换人质。他们回到楚国三个月后，楚顷襄王去世，太子完继承王位，是为楚考烈王。楚考烈王于是任命黄歇为国相，封为春申君。

当时，齐有孟尝君，赵有平原君，魏有信陵君，大家都竞相争夺贤士，辅助君王治理国政。春申君效仿他们，门下三千多名门客，是四公子中门客最多的。

春申君担任楚国国相八年，楚国又逐渐兴盛强大起来。

春申君任国相的第二十二年，六国诸侯缔结合纵盟约，联合起来向西讨伐秦国。楚王担任六国盟约之长，让春申君当权主事。六国联军到达函谷关后，秦军出关应战，六国联军战败，退出函谷关。楚考烈王认为此次作战失利，罪过主要在于春申君，春申君因此渐渐被楚王疏远了。

当时，楚考烈王没有儿子。赵国人李园带着他的妹妹前来，打算把他的妹妹进献给楚王。可他先寻找机会做了春申君的侍从，并把妹妹献给春申君。等怀了身孕之后，李园的妹妹找机会劝说春申君："您为何不趁没人知道我怀孕的消息，把我进献给楚王，倘若生下的是儿子，以后可就是您的儿子做楚王呢！"

春申君眼看自己权势逐渐旁落，于是采纳了李园妹妹的主意。后来真的生下儿子，被楚王立为太子，李园的妹妹也被封为王后。楚王由此器重李园，李园参与到朝政中来。可是，李园担心春申君走漏秘密，就暗中培养了刺客，打算杀死春申君来灭口。

春申君任国相的第二十五年，楚考烈王病重。春申君门下的朱英向春申君请求安排自己入宫做官，说道："等楚王一过世，李园必定抢先入宫，到时候由我替您杀掉李园。"春申君听了后，却不以为然地说："李园是个软弱的人，我对他很友好，他怎么会做出这种事呢？"

十七天后，楚考烈王去世。李园果然抢先入宫，并在棘门埋伏下刺客。春申君刚走进棘门，就被李园培养的刺客刺杀而死。同时，李园还派官吏将春申君家满门抄斩。

执掌楚国大权的风云人物，竟如此走下历史舞台，实在令人唏嘘。

　　孟尝君、平原君、信陵君、春申君，作为历史上赫赫有名的战国四公子，他们礼贤下士、招揽门客，为自己赢得荣誉的同时，也为自己的国家在乱世中求得苟安。不过，在那个纷乱不止的年代，在"翩翩佳公子"的美名之下，他们也都有阴暗的一面：孟尝君只因别人嘲笑他个子矮小，就不分青红皂白杀光几百人；平原君贪恋土地财富，利令智昏，一度使得国家几乎灭亡；春申君被权力欲操纵，机关算尽，最终却被人诛灭三族。相比之下，信陵君是难得的品行兼具，内外相修，真正的无双公子，也是《史记》的作者司马迁浓墨重笔刻写的理想化身。

# 原典精选

## （一）

此时孟尝君有一狐白裘，直千金①，天下无双，入秦献之昭王，更无他裘。孟尝君患之，遍问客，莫能对。最下坐②有能为狗盗者③，曰："臣能得狐白裘。"乃夜为狗，以入秦宫臧④中，取所献狐白裘至，以献秦王幸姬。幸姬为言昭王，昭王释孟尝君。孟尝君得出，即驰去，更封传⑤，变名姓以出关。夜半至函谷关。秦昭王后悔出孟尝君，求之已去，即使人驰传逐之。孟尝君至关，关法⑥鸡鸣而出客，孟尝君恐追至，客之居下坐者有能为鸡鸣，而鸡齐鸣，遂发传出⑦。出如食顷⑧，秦追果至关，已后孟尝君出，乃还……

孟尝君过赵，赵平原君客之。赵人闻孟尝君贤，出观之，皆笑曰："始以薛公为魁然也，今视之，乃眇小丈夫耳⑨。"孟尝君闻之，怒。客与俱者下⑩，斫击杀数百人⑪，遂灭一县以去。

——《史记·孟尝君列传》

### 注释

①直：通"值"，价值。

②坐，通"座"，座位；下坐，指最后面的座位。

③狗盗者：指披着狗皮像狗一样偷东西的人。

④臧：通"藏"。贮藏东西的仓库。

⑤封传：官府所发的出境、住宿或驿站的凭证。

⑥关法：关卡的制度。

⑦发传：出示封传。

⑧食顷：一顿饭的时间，不一会儿。

⑨这句话意思是孟尝君原来是个身材瘦小的男子罢了。

⑩下：下车。

⑪斫（zhuó）：砍。

## 译文

当时孟尝君有一件白色狐皮裘，价值千金，天下没有第二件。他到秦国后献给了昭王，再也没有这样的狐皮裘了。孟尝君为这件事发愁，问遍了宾客，谁也想不出办法。有一位没什么本事但会披狗皮盗东西的人，说："我能拿到那件白色狐皮裘。"于是这人当夜化装成狗，钻入了秦宫中的仓库，取出献给昭王的那件狐白裘，然后献给了昭王的宠姬。宠姬得到它后，替孟尝君向昭王说情，昭王便下令释放了孟尝君。孟尝君获释后，立即乘快车逃离，更换了出境证件，改了姓名，逃出城关。孟尝君一行夜半时分到了函谷关。昭王后悔放走了孟尝君，可再想找他才知道他已逃跑，就立即派人追赶。孟尝君到了函谷关，按照关法规定鸡叫时才能放来往客人。孟尝君担心追兵赶到，万分着急，宾客中有个没什么本事但会学鸡叫的，他一学鸡叫，附近的鸡就跟着一齐叫了起来，他们便立即出示了证件逃出函谷关。出关后约一顿饭的工夫，秦国追兵果然到了函谷关，但已落在孟尝君的后面，也只好返回去了……

　　孟尝君经过赵国，赵国平原君招待了他。赵国人听说孟尝君贤能，都出来围观想一睹风采，结果见了后不少人嘲笑说："原来以为孟尝君是个魁梧的大丈夫，如今看到他，不过是个瘦小的男人罢了。"孟尝君听了后，十分恼怒。随行的人跟他一起跳下车来，砍杀了几百人，灭了一个县才离去。

# （二）

　　魏有隐士曰侯嬴，年七十，家贫，为大梁夷门监者①。公子闻之，往请②，欲厚遗③之。不肯受，曰："臣修身洁行数十年，终不以监门困故而受公子财。"公子于是乃置酒大会宾客。坐定，公子从④车骑，虚左⑤，自迎夷门侯生。侯生摄敝⑥衣冠，直上载公子上坐，不让，欲以观公子。公子执辔⑦愈恭。侯生又谓公子曰："臣有客在市屠中，愿枉车骑过⑧之。"公子引车入市，侯生下见其客朱亥，睥睨故⑨久立，与其客语，微察公子。公子颜色愈和。当是时，魏将相宗室宾客满堂，待公子举酒。市人皆观公子执辔。从骑皆窃骂侯生。侯生视公子色终不变，乃谢客就车。至家，公子引侯生坐上坐，遍赞宾客，宾客皆惊。酒酣，公子起，为寿⑩侯生前。侯生因谓公子曰："今日嬴之为公子亦足矣。嬴乃夷门抱关者也，而公子亲枉车骑，自迎嬴于众人广坐之中，不宜有所过⑪，今公子故⑫过之。然嬴欲就公子之名，故久立公子车骑市中，过客以观公子，公子愈恭。市人皆以嬴为小人，而以公子为长者，能下士也。"于是罢酒，侯生遂为上客。

　　　　　　　　　　　　　　——《史记·魏公子列传》

## 注释

① 监者：看守城门的人。

② 请：拜见。

③ 遗：赠送。

④ 从：使跟随，带着。

⑤ 虚左：空出左方的座位。战国时乘车以左位为尊位。

⑥ 摄：整理。敝：破旧。

⑦ 执辔：握着马车缰绳。

⑧ 过：拜访，探望。

⑨ 睥睨：眼睛斜着看，有高傲之意。故：故意。

⑩ 寿：敬酒祝寿。

⑪ 有所过：有拜访朋友的事。指拜访朱亥一事。

⑫ 故：乃，竟然。

## 译文

魏国有个隐士叫侯嬴，七十岁了，家里很贫穷，是大梁城东门的看守。公子听说了这个人，就派人去请他，想送给他厚礼。但是侯嬴不肯接受，说："我修养品德坚持操守几十年，终究不能因我看门贫困的缘故而接受公子的财礼。"公子于是就大摆酒席，宴饮宾客。大家都坐好后，公子就带着车马以及随从人员，空出车子上的左位，亲自到东城门去迎接侯生。侯生整理了一下破旧的衣帽，径直上了车子坐在左边尊贵的座位，没有谦让的意思，想借此观察一下公子的态度。公子手握马缰绳更加恭敬。侯生又对公子说："我有个朋友在街市的屠宰场，希望委屈一下车马载我去拜访他。"公子立即驾车进入街市，侯生下车去会见他的朋友朱亥，他斜眼看公子，故意久久地站在那里，同他的朋友谈话，同时暗暗地观察公子。公子的面色更加和悦。这个时候，魏国的将军、宰相、宗室大臣以及高朋贵宾坐满堂上，正等着公子举杯开宴。街市上的人都看到公子手握缰绳替侯生驾车，随从人员都暗自责骂侯生。侯生看到公子面色始终不变，才告别了朋友上了车。到家后，公子领着侯生坐到上位，并向全体宾客赞扬地介绍了侯生，满堂宾客都很惊异。酒兴正浓时，公子站起来，走到侯生面前举杯为他祝寿。侯生趁机对公子说："今天我侯嬴为难公子也足够了。我只是个城东门看守城门的人，可是公子委屈车马，亲自在大庭广众之中迎接我。我本不该再去拜访朋友，今天公子竟屈尊陪我拜访他。可我也想成就公子的名声，故意让公子车马久久地停在街市中，借拜访朋友来观察公子，结果公子更加谦恭。街市上的人都以为我是小人，而认为公子是个高尚的人，能够礼贤下士啊！"酒宴之后，侯先生成了公子的贵客。

# 知识拓展

## 鸡鸣狗盗

含义：汉语成语，指微不足道的本领，也指偷偷摸摸的行为。出自前文孟尝君逃离秦国的故事。

造句：这件事本就光明磊落，何须如此遮遮掩掩，鸡鸣狗盗一般。

## 狡兔三窟

含义：汉语成语，意思是狡猾的兔子准备好几个藏身的窝，比喻隐蔽的地方或方法多。出自孟尝君与冯谖的故事。

造句：犯罪分子虽狡兔三窟，但还是被经验丰富的警察一网打尽。

## 毛遂自荐

含义：汉语成语，意思是自告奋勇，自己推荐自己担任某项工作。出自前文平原君与毛遂的故事。

造句：班主任想找一位同学来管理好班级的纪律，小新毛遂自荐，认为自己可以办到。

# 脱颖而出

含义：汉语成语，意思是才华像刺破布袋的锥子那样显露出来。出自前文平原君与毛遂的故事。

造句：小斌在这次全国演讲比赛中脱颖而出，拿下第一名。

# 第七章 机敏智巧 爱憎鲜明 ——范雎

战国时期，秦国的外交策略主要为『连横』和『远交近攻』，前者的实施者主要是大名鼎鼎的张仪，而提出后者的就是范雎。在秦国大一统的进程中，范雎（？—公元前255年）做出了不可磨灭的贡献。他从一介说客到秦国丞相的人生经历，是一篇励志的传奇故事。

# 一 口才太好遭横祸

范雎（ju）原本是魏国人，字叔。早年间，他周游列国，希望那些国君能支持他的理念，但都没有成功，便回到魏国，在魏国中大夫须贾门下任职。

有一次，范雎跟着须贾出使齐国。齐襄王得知范雎很有口才，就派人给范雎送去黄金美酒，但范雎推辞不受。须贾知道此事后，大为恼火，认为范雎一定是出卖了魏国的秘密，所以才会得到这种馈赠。回到魏国后，须贾把这件事报告给国相魏齐。魏齐听后大怒，就命人抽打范雎，关了起来。范雎只好诈死，魏齐就派人用席子将他裹起来，扔在厕所里。更过分的是，魏齐还让喝醉的宾客轮番往范雎身上撒尿，故意污辱他，以警示其他人。

范雎为了活命，就对看守说："您如果放我走，日后必有重谢。"看守也有意饶他一命，就向魏齐请示扔掉算了。当时魏齐已经喝醉，就随口答应了，范雎这才得以逃脱。后来，魏齐后悔把范雎当死人扔掉，又派人去搜索范雎。魏国人郑安平听说此事，就带着范雎一起逃跑并藏了起来。范雎从此将姓名改为张禄。

## 二 等待时机巧献策

当时，秦昭王派王稽（jī）出使魏国。郑安平就假装差役，侍候王稽。熟悉了之后，王稽就问他："魏国可有贤才愿与我一起回秦国？"

郑安平当然不会错过机会，立刻回答："我知道有位张禄先生想求见您，共谈天下大事。不过他有仇人，不敢白天出来。"

王稽就说道："既然如此，夜里你跟他一起来好了。"

郑安平就在夜里带着张禄拜见王稽。王稽很快就发现范雎是个贤才，和他暗中约好见面时间和地点就离去了。

王稽辞别魏王后，在约定的时间到了约定的地点，载上范雎，并很快进入了秦国国境。就在此时，有一队车马正从西边疾驰而来。范雎从王稽口中得知是秦相穰（ráng）侯的车马，就说穰侯最讨厌自己这种说客，表示要躲起来。不一会儿，穰侯果然前来询问魏国的局势，并问王稽有没有带回来什么说客。王稽连连摇头，穰侯这才离开。之后，范雎觉得穰侯会回来搜查，就干脆步行入秦国。后来，穰侯果然又回头来搜查，却一无所获。王稽由此十分佩服范雎的先见之明。

王稽向秦昭王报告出使魏国的情况，就趁机说道："魏国有个人名叫张禄，是天下难得的能言善辩之士。按他的说法，秦国的处境，已经极其危急，他说他有方法能解决这种困局，但是需要与大王面谈，所以臣将他带回了秦国。"

秦昭王当时已在位三十六年，能征善战，对于说客并不信任。他只是让范雎住在客舍，粗茶淡饭相待。当时，穰侯、华阳君等国戚把持着秦国朝政。穰侯担任国相，华阳君等人轮番担任将军，他们都有大片封赐的领地，富有程度甚至超过了整个国家。为此，范雎上书秦昭王，述说他对秦国这种局势的看法。正是这封信说中了秦昭王的心头之事，秦昭王便向王稽表示了歉意，派专车去接范雎入宫。就这样，一年之后，范雎才终于有了面见秦昭王的机会。

## 三 辅佐秦王封应侯

范雎到了宫门外，假装不知道规矩，就径直往里面走。这时恰好秦昭王出来，宦官连忙怒斥范雎："大王来了！"

范雎就故意乱嚷："秦国哪里有什么王？秦国只有太后和穰侯罢了。"

秦昭王走过来听到这些话，便上前去迎接范雎，并向他道歉说："我本该早就向您请教了，只是遇到急事才怠慢了先生。"范雎眼见秦昭王如此，也客气地还了礼。

入宫后，秦昭王喝退左右，长跪着向范雎请求说："先生，您要怎么教我？"范雎只说："嗯嗯。"沉默了一会儿，秦昭王又继续长跪着向范雎请求："先生，您要怎么教我？"范雎还是只说："嗯嗯。"

秦昭王像这样连续询问了三次，后来只好长跪着问："先生终究还是不愿赐教吗？"

范雎这才说道："我并不敢这样。不过我只是个寄居异国的臣子，与大王交情不深，而我所要陈述的都是匡扶国君的大事。我来谈这些大事，难免有离间大王与骨肉同胞的嫌疑，而我并不知道大王心中怎么想。这就是大王连续三次询问我而我不敢回答的原因。"

秦昭王听后，连忙说道："先生您这是什么话！我能受到先生的教诲，这正是上天的恩赐。从此以后，事情无论大小，上至太后，下到大臣，有关问题希望先生能毫无保留地给我以指教。"

范雎听后行礼，这才提出了"远交近攻"的外交策略，并逐步帮秦昭王将秦国的大权从太后、穰侯等人的手中夺取过来。为了表示感谢，秦昭王把应城封给范雎，封号称应侯。

## 四　恩怨分明显性情

此时范雎用张禄之名在秦国成为国相，而魏国人认为范雎早就死了。魏王听说秦国即将攻打韩、魏两国，便又派须贾出使秦国。

范雎得知须贾到了秦国，就隐藏起国相的身份，穿着破旧的衣服步行去见须贾。

须贾一见范雎，不禁惊道："原来你没死？"

范雎说："是啊！"

须贾就笑着说："那你是来秦国游说的吧？"

范雎答道："不是。我之前得罪了魏国宰相，所以才流落到这里，怎么还敢游说呢！"须贾问道："那如今你干些什么事？"

范雎答道："我给人家当差役。"

须贾听了就有些怜悯他，便留下他一起坐下吃饭，又不无同情地说："你怎么竟贫寒到了这个样子？"

于是，须贾取出自己一件粗丝袍送给了他，并趁便问道："我听说秦国的大事都由相国张君决定。这次我办的事情，能否成功也都取决于他。你有没有跟他熟悉的朋友啊？"

范雎说："我的主人很熟悉他，请让我把您引见给张君。"

须贾又说："我的马病了，车轴也断了，没有大车驷马，我没法出门。"

范雎说："我愿意替您去借大车驷马。"

范雎回去弄来大车驷马，并亲自给须贾驾车，直进了秦国相府。相府里的人看到范雎驾着车子来了，纷纷回避。须贾心中感到奇怪，但也没说什么。

到了相国办公地方的门口，范雎对须贾说："我替您先进去向相国张君通报一声。"

须贾就在门口等着，等了很长时间不见人来，就问看门人："范叔进去很长时间了，为什么不出来？"

门卒回答道："这里没有范叔。"

须贾说："就是刚才跟我一起乘车进去的那个人。"

门卒说："他就是我们的相国张君啊！"

须贾听到此处大吃一惊，赶紧跪地行走，请人带自己进去请罪。

须贾见到范雎连叩响头口称死罪，说："我没想到您是如此尊位，我犯下了很重的罪，是生是死，凭您定夺。"

范雎细数了须贾的罪状后，饶他不死，只是责令其回国。

须贾去向范雎辞行，范雎便大摆宴席，请来所有诸侯国的使臣，与他同坐堂上，酒菜饭食摆设得很丰盛。

只有须贾一个人坐在堂下，面前放了一槽草豆掺拌的饲料，又有两个受过墨刑的犯人像喂马一样喂他吃饲料。席间，范雎厉声对他说道："替我转告给魏王，赶快把魏齐的脑袋拿来！不然的话，我就要屠平整个魏国！"

须贾回到魏国，把情况告诉了魏齐，魏齐大为惊恐，逃到了赵国，躲藏在平原君的家里。


范雎担任了秦相之后，王稽曾经对范雎说："事情不可预知的有三种情况，毫无办法的也有三种情况。国君说不定哪一天就去世了，这是不可预知的第一种情况。您突然离世，这是不可预知的第二种情况。假使我突然也死去，这是不可预知的第三种情况。假如哪天国君去世，您即使因我没被君王重用而感到遗憾，那是无可奈何的。如果我死了，您就算因为没有及时推荐我而感到遗憾，也是没什么办法的。"

范雎听了闷闷不乐，就入宫向秦昭王进言说："如果不是王稽对秦国的忠诚，我也没有机会来到秦国；如果不是大王的贤能圣明，我也不会如此显贵。如今我的官位做到了相国，爵位已经封到列侯，可是王稽还仅是个谒者，这该不是他带我入秦的本意吧。"

秦昭王便召见了王稽，任命他做河东郡守。范雎又向秦昭王举荐曾保护过他的郑安平，昭王便任命郑安平为将军。范雎还散发家里的财物，用来报答所有那些曾经帮助过他而处境困苦的人。凡是给过他一顿饭吃的小恩小惠，他必定报答，而瞪过他一眼的小怨小仇，他也必定报复。

后来，范雎与白起结怨，并冤杀白起，但他推举的郑安平却因为败仗投降了赵国。范雎担心会受到牵连，因此辞去了相位。

从一个被人羞辱的平民说客，到后来掌握国家权力的秦朝相国。范雎的人生转折离不开他的个人学识和努力，同样也离不开时机和形势。当这些时机到来时，范雎可以准确地把握形势和时机，这与他的学识和努力也是密切相关的。此外，他报恩报得彻底，报仇报得痛快，这种恩怨分明的性格也令人印象深刻。

## 原典精选

范雎既相，王稽谓范雎曰："事有不可知者三，有不可奈何者亦三。宫车一日晏驾①，是事之不可知者一也。君卒然捐馆舍②，是事之不可知者二也。使臣卒然填沟壑③，是事之不可知者三也。宫车一日晏驾，君虽恨④于臣，无可奈何。君卒然捐馆舍，君虽恨于臣，亦无可奈何。使臣卒然填沟壑，君虽恨于臣，亦无可奈何。"范雎不怿⑤，乃入言于王曰："非王稽之忠，莫能内臣于函谷关；非大王之贤圣，莫能贵臣。今臣官至于相，爵在列侯，王稽之官尚止于谒者⑥，非其内臣之意也。"昭王召王稽，拜为河东守，三岁不上计⑦。又任郑安平，昭王以为将军。范雎于是散家财物，尽以报所尝困厄者。一饭之德必偿，睚眦⑧之怨必报。

——《史记·范雎蔡泽列传》

### 注释

①晏驾：隐晦指代帝王去世。晏：晚、迟。天子每天都要早起，如去世了车驾就晚了。

②卒然：突然。卒，通"猝"。捐馆舍：离弃住所，指死去。捐：放弃。

③填沟壑：对自己死去的代称。

④恨：遗憾。

⑤怿：喜悦。

⑥谒者：国君左右负责传达等杂事的侍从。

⑦上计：地方官年终时将人口、钱粮、盗贼、狱讼等事报告朝廷。

⑧睚眦：发怒时瞪眼，指极小的怨仇。

## 译文

范雎做了秦国的宰相，王稽对范雎说："事情不可预知的有三种情况，毫无办法的也有三种情况。国君说不定哪一天就去世了，这是不可预知的第一种情况。您突然离世，这是不可预知的第二种情况。假使我突然也死去，这是不可预知的第三种情况。假如哪天国君去世，您即使因我没被君王重用而感到遗憾，那是无可奈何的。您突然离世，您即使为还未报答我而感到遗憾，也是毫无办法的。假使我突然死去了，您即使因不曾及时推荐我而感到遗憾，也是毫无办法的。"范雎听了不太高兴，就入宫向秦王进言说："不是王稽对秦国的忠诚，就不能把我带进函谷关；不是大王的贤能圣明，我也不可能得到重用。如今我的官位做到了相国，爵位已经封到列侯，可是王稽还仅是个谒者，这不是他带我进关的本意吧。"秦昭王便召见了王稽，任命他做河东太守，并且允许他三年之内可以不向朝廷汇报郡内事务情况。范雎又向秦昭王举荐保护过他的郑安平，秦昭王任命郑安平为将军。范雎散发家里的财物，用来报答那些曾经帮助过他而处境困苦的人。哪怕给过他一顿饭吃的恩惠他都是必定报答的，而瞪过他一眼的怨仇他也是必定报复的。

# 知识拓展

## 远交近攻

含义：汉语成语，意思是联络距离远的国家，进攻邻近的国家。后也指待人处世的一种手段。出自战国时秦国丞相范雎提出的外交策略。

造句：在这件事的处理上，一定要采取远交近攻的方法才能获得满意的结果。

## 睚眦必报

含义：汉语成语，意思是像瞪一下眼睛那样极小的怨仇也要报复。比喻心胸极其狭窄。出自前文范雎的故事。

造句：做人不应当过于计较，小肚鸡肠，睚眦必报。

# 第八章 目光远大 以商从政——吕不韦

吕不韦（？—公元前235年），是战国时代继商鞅、范雎之后秦国名相。独到的政治眼光、宏观的政治思维、「兼儒墨，合名法」的思想理念，让他成为战国时代颇为独特的「杂家」。他主持编纂的《吕氏春秋》，也成为后人寻觅其思想的文献源头。

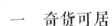

# 一　奇货可居

吕不韦早年是大商人，来往各地，通过将货物低价买进，又高价卖出赚取差价，从而积累起了富足的家产。不过，吕不韦并不满足于此。对于他而言，真正的"投资"才刚刚开始。这一次，他精挑细选的不是货物，而是一个人，一个能让他实现政治抱负的人。这个人，就是当时秦国派遣到赵国的人质——太子安国君的儿子子楚。

秦昭王四十年（公元前267年），秦国太子去世。两年后，作为次子的安国君被立为太子。当时，安国君有个非常宠爱的姬妾被立为正夫人，名号是华阳夫人，但是她并没有给安国君生下儿子。安国君有个儿子叫子楚，其母不得宠，他又排行居中，所以才作为人质被派来赵国。秦国多次攻打赵国，两国的关系并不好，所以子楚在赵国的境遇是十分窘迫的。

吕不韦到赵国国都邯郸做生意，了解到子楚的境遇，大喜："子楚就像珍贵的货物，囤积起来就可以在日后换取更多财富，正所谓'奇货可居'。"于是，吕不韦前去拜访子楚，对子楚说道："我能够让您的门庭光大。"子楚只当他是在开玩笑，就回应道："先生还是先光大自己的门庭，然后再来光大我的门庭吧！"然而，吕不韦却意味深长地说道："您可能不知道，我的门庭要等到您的门庭光大后，才能光大。"子楚明白吕不韦话里有话，于是就与吕不韦深入交流。

吕不韦对子楚说道："现在秦王已经老了，您的父亲安国君又被立

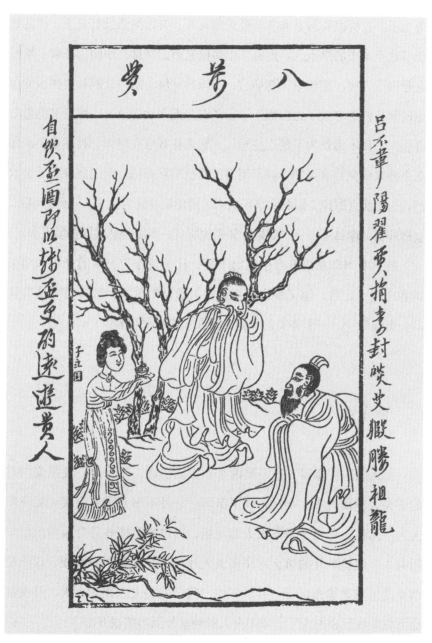

自饮盃酒阿以诸盃更酌遽邀贵人

八梦贤

子立国

吕不韋，陽翟贾，捐奇货封雙貝，撒膀祖龍

▲明·陈洪绶《博古叶子》之吕不韦。

为太子。我听说安国君非常宠爱华阳夫人。夫人虽然没有儿子，但是她能够选立未来的继承人。您有二十多位兄弟，又排在中间，还被长期留在赵国当人质。假如秦王驾崩后，安国君继位，您怎么能和这些服侍在侧的兄弟们争夺太子之位呢？"子楚有些无奈地说道："那我又能怎么办呢？"吕不韦就为子楚出主意："您现在客居在赵国，自然拿不出什么东西来结交宾客亲朋。我吕不韦虽然也不算有钱，但愿意拿出千金家产，为您前去游说安国君和华阳夫人，请他们立您为太子。"子楚听后，立即叩头拜谢吕不韦："如果能如先生所言，我愿与您共同执掌秦国。"

吕不韦当即拿出五百金送给子楚，让子楚作为日常的开支和结交宾客之用。之后，他又拿出五百金购买珍奇的玩物，亲自带着这些礼品去秦国游说。一个完美的谋划，正在徐徐拉开序幕。

## 二 两个女人

要促成这桩奇谋，还需要两个女人的协助，其中之一便是安国君的正夫人华阳夫人。不过，到了秦国后，吕不韦并没有直接去见华阳夫人，而是先拜见了华阳夫人的姐姐，通过她将那些珍奇玩物献给华阳夫人。他趁献礼的机会对华阳夫人述说子楚的聪明和贤能，说子楚结交诸侯宾客遍布天下，并经常说"我子楚将夫人视为上天，日夜都流泪思念太子和夫人"。华阳夫人听到这些话当然很开心。

吕不韦见到取得成效，就又让华阳夫人的姐姐劝说华阳夫人及早立储君，以免随着年纪变大，容颜衰退而失宠。按照吕不韦的意思，华阳夫人的姐姐自然是大力推荐了子楚，并说子楚又有才能又懂得孝顺，将能够保证华阳夫人的权势，因为子楚本身是个无依无靠的人，而如果能在此时得到夫人垂青，必将孝敬夫人一辈子。华阳夫人觉得这些话很有道理，于是找机会向安国君提及子楚，夸子楚十分有才能，又哭着向安国君请求立子楚为储君。安国君不想令自己心爱的女人失望，于是立子楚为储君，还送了子楚一些礼物，并聘请吕不韦做子楚的老师。从此之后，子楚的名声在诸侯中大了起来。

　　除了华阳夫人之外，另一个促成吕氏奇谋的人正是吕不韦的爱妾赵姬。赵姬长得非常漂亮，又擅长舞蹈。有一次，子楚和吕不韦一起饮酒，子楚看到赵姬后十分喜欢，就起身向吕不韦祝酒，并请求将赵姬赐给他。吕不韦开始很生气，但转念就想到这正是奇谋的一部分。因为赵姬当时已经怀有身孕，那么，如果子楚得登大位，那赵姬腹中的孩子就会是未来秦国的国君。于是，他忍痛割爱，将赵姬送给了子楚。赵姬隐瞒了已有身孕的事实，到了生产日期，她生下了儿子嬴政，也就是后来威名赫赫的千古一帝秦始皇。

## 三　秦相春秋

　　秦昭王五十年（公元前257年），秦国再次攻打赵国，并直接围困了赵国的都城邯郸，形势一片危急。在这种情形下，赵国人想将子

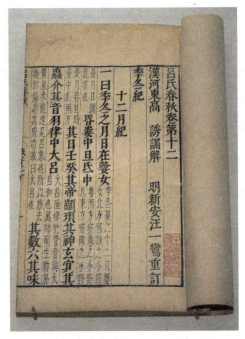

▲明刻本《吕氏春秋》

楚杀了泄愤。得知这个消息，子楚连忙和吕不韦密谋，拿出六百金贿赂守城官吏，侥幸逃到了秦军大营，之后顺利归国。赵姬和孩子也找到地方躲了起来，母子二人的性命得以保全。

六年后，秦昭王去世，太子安国君继位为王，华阳夫人成为王后，子楚也被立为太子。赵国于是派人送还赵姬母子到秦国。仅仅一年之后，安国君就去世了。子楚继位，是为秦庄襄王。

吕不韦自此官居相国之位，被封为文信侯，拥有河南洛阳的十万户作为食邑（古代君主赏赐给臣子的封地，此地的租税均为其所有）。三年之后，庄襄王去世，太子嬴政继位，继续尊奉吕不韦为相国，并尊称他为"仲父"。此时，秦王年纪还小，太后又是吕不韦的旧情人，就常常与吕不韦私通。

此时的吕不韦可谓是站在了人生的巅峰之上，位高权重，家中光是奴仆就多达上万人。当时，魏国有信陵君，楚国有春申君，赵国有平原君，齐国有孟尝君，他们都礼贤下士，广结宾客，在诸侯中鼎鼎大名，合称"战国四公子"。吕不韦认为秦国如此强大，在这方面不能不如他们，所以也开始招纳四方贤士，门客一时间竟多达三千人。

那时各诸侯国有许多能言善辩的能人，比如荀子等人，他们都能著书立说，流传天下。于是，吕不韦也让他的门客将自己的所见所闻记录下来，综合后汇编为"八览""六论"和"十二纪"，一共二十多万字。吕不韦认为这部由他主导的全书囊括了古今天下的万物事理，所以将此书命名为《吕氏春秋》。他又将此书刊布在秦都咸阳的城门上，并在上面悬挂千两赏金，告知来往的游人宾客，如果能有人增删一字，就可获得赏金。此时，被权力欲望渐渐蒙蔽双眼的吕不韦，再也不是当年那个能够清晰地认识时局的谋略家。一场大祸即将临头。

# 四　悲剧收场

随着秦王嬴政逐渐长大，太后却依然与吕不韦私通。吕不韦担心事情败露，会让自己灾祸临头，于是让门客嫪毐（lào ǎi）假装太监来满足太后。但是太后却极为宠幸嫪毐，甚至为他生下两个孩子。同时，

嫪毐也极度膨胀，因此得罪了不少朝廷大臣。

终于，秦始皇九年（公元前238年），有人告发嫪毐与太后私通，甚至密谋"如果秦王死去，就立其中的一个儿子为王"。秦始皇听后大怒，命令官吏彻查此事，并最终诛杀嫪毐三族，连同他与太后生下的那两个孩子也被杀，太后也被迁到雍地。此事最终还是牵连到了吕不韦，秦始皇十年十月，他被免除相国之位。一年多后，秦始皇写信逼杀了吕不韦。一代奇谋之相，最终以草草的悲剧收场。

纵观吕不韦的一生，可以看出他前期的政治眼光是独到过人的，也为他赢得了实现理想抱负的政治资本。他"兼儒墨，合名法"，主持编纂《吕氏春秋》，对于整合战国时代的思想也是居功甚伟。然而，实现抱负后的野心膨胀，蒙蔽了他原本锐利的目光，最终招致了悲剧的结局。

▲吕不韦戈。戈内部两面的铭文，共23字。正面为刻铭：九年，相邦吕不韦造。蜀守宣，东工守文，丞武，工极，成都。背面铸文：蜀东工。

## 原典精选

　　子楚，秦诸庶孽孙①，质于诸侯，车乘进用不饶②，居处困，不得意。吕不韦贾③邯郸，见而怜之，曰"此奇货可居"。乃往见子楚，说曰："吾能大子之门。"子楚笑曰："且自大君之门，而乃大吾门！"吕不韦曰："子不知也，吾门待子门而大。"子楚心知所谓，乃引与坐，深语。吕不韦曰："秦王老矣，安国君得为太子。窃④闻安国君爱幸华阳夫人，华阳夫人无子，能立適⑤嗣者，独华阳夫人耳。今子兄弟二十余人，子又居中，不甚见幸，久质诸侯。即大王薨，安国君立为王，则子⑥毋几得与长子及诸子旦暮在前者争为太子矣。"子楚曰："然⑦。为之奈何？"吕不韦曰："子贫，客于此，非有以奉献于亲及结宾客也。不韦虽贫，请以千金为子西游，事安国君及华阳夫人，立子为適嗣。"子楚乃顿首曰："必如君策，请得分秦国与君共之。"

——《史记·吕不韦列传》

### 注释

　　①孽孙：庶孙。古时正妻所生之子称为嫡子，妾所生则为庶子。子楚父亲当时是秦王庶子，子楚即为庶孙。

　　②饶：丰富。不饶，意思是不多，不丰富。

　　③贾：做买卖。吕不韦当时是在邯郸做买卖的商人。

　　④窃：私底下。是对自己的谦称。

　　⑤適：通"嫡"。

⑥子：你。对对方的尊称。

⑦然：对。表示赞同。

## 译文

子楚是秦王庶出的孙子，在赵国当人质，他乘的车马和日常的财用都不富足，因此生活困窘，很不得意。吕不韦在邯郸做买卖，见到子楚后非常喜欢，说："子楚就是一件可以囤积的奇货，以等高价售出。"于是他前去拜访子楚，对子楚游说道："我能光大你的门庭。"子楚笑着说："你姑且先光大自己的门庭，然后再来光大我的门庭吧！"吕不韦说："你不知道，我的门庭要依靠你的门庭才能光大。"子楚心里明白吕不韦所言之意，就拉他坐在一起深谈。吕不韦说："秦王已经老了，安国君被立为太子。我听说安国君非常宠爱华阳夫人，华阳夫人没有儿子，而能够影响选立太子的只有华阳夫人一个。现在你的兄弟有二十多人，你又排行中间，不受秦王宠幸，长期被留在诸侯国当人质，即使是秦王死去，安国君继位为王，你也不要期望同你长兄和早晚都在秦王身边的其他兄弟们争太子之位了。"子楚说："确实是这样，但该怎么办呢？"吕不韦说："你贫困，又客居在此，也没有什么来献给亲长和结交宾客的。我虽然不富有，但愿意拿出千金来为你西去秦国游说，侍奉安国君和华阳夫人，让他们立你为太子。"子楚于是叩头拜谢道："假如真如您的计策，我愿意分一半秦国的土地和您共享。"

## 知识拓展

### 秦始皇真的是吕不韦的儿子吗?

秦始皇号称"千古一帝",然而围绕在其身上的谜团却非常多。首要问题就是,秦始皇的生父到底是谁?

据《史记·秦始皇本纪》所记,秦始皇是秦庄襄王的儿子,秦昭王四十八年(公元前259年)正月出生。《史记·吕不韦列传》却说子楚求吕不韦赐赵姬给他时不知其已有身孕,而后生下了秦始皇。

司马迁写《史记》,像这种自相矛盾、存而不论的记载很多,一定程度上保存了当时的异说,也赋予了更强的传奇色彩。

通读《史记》还能发现,《吕不韦列传》这段记载与《春申君列传》非常相似,后者说的是楚考烈王无子,所以春申君将怀孕的侍妾李氏送给楚考烈王,之后生下楚幽王。但《楚世家》明确记载楚考烈王有三个儿子先后即位。司马迁的这两处记载很大可能是源于当时宫廷斗争对楚考烈王,以及汉朝人对秦始皇的抹黑、污名化。虽然事实真相已经难以十分确认,但因这类故事传奇性更强,所以更为后世小说闲谈、戏剧影视所青睐。

# 第九章 王佐之才 晚节不保——李斯

李斯（？—公元前208年），是战国时代秦国最后一任国相，也是大一统的秦朝第一任丞相。他的一生充满关于功过的争议，也充斥着种种矛盾。他既是大秦王朝的开创者之一，同时也是它间接的毁灭者。

# 一　仓中鼠与帝王术

李斯原本是楚国上蔡人，年轻时曾经在郡里做过小官。在这期间，李斯发现了一个有趣的现象：凡是生活在厕所中的老鼠都是吃些脏东西，只要有人或狗接近，就会惊恐地四散逃跑；而粮仓中的老鼠吃的都是囤积的粟米，住在广阔的大屋子中，根本不用担心人或狗的惊扰。李斯见此情形，总结说道："一个人会不会有前途，就跟这些老鼠没什么区别，是由自己所处的环境决定的。"

受到这种启发，李斯拜入名师荀子门下，开始学习帝王治理天下的学问。他学成之后，觉得楚王不能成就大事，除了秦以外的六国又都过于衰弱，也没什么建功立业的希望，就打算向西投奔秦国。

临行前，李斯对荀子说道："我听说一个人如果遇到机会，就千万不能错过。如今正是诸侯纷争之时，而各方谋臣都能掌握实权。现在秦王想一统天下，正是我等平民谋士施展抱负大展宏图的好时机。如果卑贱的人不想着谋取功名，简直就像禽兽只是盯着肉却不去吃，活得就像行尸走肉一般。所以最大的耻辱莫过于卑贱，最深的悲哀莫过于穷困潦倒。而长期处于卑贱和穷困的处境之中，却只知道议论社会的种种不是，厌恶功名利禄并且标榜无为，这并不是读书人应该做的。所以我要西行去游说秦王了。"

## 二 谏逐客到天下相

李斯到了秦国后，正赶上秦庄襄王去世的时候，他就请求做当时相国吕不韦的门客。吕不韦很赏识李斯，任命他为郎官，他就得到了游说秦王的机会。他对秦王说道："庸人一般都难以把握时机，但成大事的人却能利用一般人难以发现的机会，并且做到持之以恒。"接着，李斯又向秦王说明秦国的先祖秦穆公之所以没能吞并六国，是因为那会儿时机还没有成熟，但是现在秦王应该把握住机会，趁六国势弱逐一吞并，就能够一统天下，成就前所未有的帝王大业。否则，一旦六国有了喘息的机会，就算后世的秦王能力比黄帝还高，恐怕也难以完成这份事业。

秦王听从了李斯的建议，让他担任长史一职，并依照他的计谋，暗中派出谋士带着黄金玉石去游说六国。对于六国中的名士，可以收买的就多送财物结交，不能收买的就暗中杀掉。另外，秦国还离间六国君臣之间的关系，之后派优秀的将领前去攻打。随着这些计策的成功实施，李斯的功劳也越来越大，并被拜为客卿。

就在李斯在秦国的地位节节攀升之时，却遇到了一件麻烦事。当时，除了秦国破坏六国的"连横"之策之外，六国也在实行"合纵"的策略。它们也在向秦国派出间谍。韩国派遣一个名叫郑国的人以"修渠"的名义来暗中消耗秦国力量，最终被秦国人发现。于是，秦国的

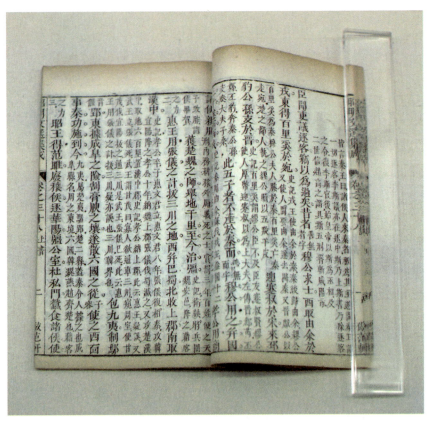

▲《昭明文选》之《谏逐客书》。《昭明文选》，是中国现存最早的一部诗文总集，《谏逐客书》在《昭明文选》的"上书"部分，被列为"上书"之首。

宗室大臣们纷纷向秦王建议，要驱逐这些从别的诸侯国来秦国的人。李斯是楚国人，因此也在被驱逐的名单之中。

李斯当然不愿放弃自己辛苦经营的地位，于是他向秦王上书慷慨陈词，分析其中的利害关系，这也就是流传后世的《谏逐客书》。这篇奏书文采斐然，逻辑严密，通过层层论述，最终总结道：秦国所拥有的宝物也并非都是秦国出产，人才也同样如此，如果贸然驱逐这些外来人才，那只会削弱自身实力，并且会与其他诸侯结怨。长此以往，秦国的处境会很危险。

秦王读完这篇文章后，深以为然，废除了驱逐令，并将李斯官复原职。又过了二十多年，秦国终于一统天下。秦王成为皇帝，而李斯则被任命为丞相。在李斯的辅佐下，秦始皇实施了一系列防止战争重起的政策，比如拆毁城墙、销毁武器、不分封土地等。从一介小吏成为天下丞相，李斯实现了他个人的抱负。

## 三　权力巅峰与悲凉下场

登上权力巅峰的李斯开始进一步地改变秦帝国的内政策略。他向秦始皇上书，陈述天下大乱的原因是人们总是喜欢用过时的观点来非议现在的生活。因此，他向秦始皇建议禁止私学和防止人们轻易议论朝政，从而开启了秦帝国禁锢思想的不归之路。李斯甚至请求秦始皇销毁先秦诸子百家的著作，只留下一些医药、占卜、种树等与生活相

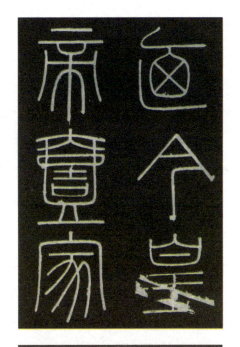

▲李斯《峄山刻石》局部

关的书籍。秦始皇认为李斯说得有道理，将这些建议逐一采纳。当然，李斯也协助秦始皇"书同文，车同轨，行同伦"，为中华文化的大一统做出了相应的贡献。

当时李斯的长子李由在洛阳一带的三川郡担任郡守，其余的子女也都和秦朝皇族结为姻亲。当李斯的长子李由请假回咸阳时，李斯在家中大摆酒宴，文武百官都向李斯敬酒祝贺，门前车水马龙，数以千计。李斯见此情形，不由感慨道："唉！我听我的老师荀子说过，'一切事情都不能发展过头'。我李斯原本只是一介平民，后来得到当今皇帝的垂青，才将我提拔到如此高位。现在，我可以说是地位最高的大臣，富贵到了极点。然而，事物只要发展到了巅峰就必然会下滑，我也不知道未来我会有着怎样的结局啊！"

李斯的担忧不无道理，一场席卷整个秦帝国的阴谋正在悄然到来。公元前211年，秦始皇突然驾崩，让秦帝国一时间群龙无首。遗诏和玉玺都落在宦官赵高手中，他找到秦始皇宠爱的幼子胡亥，开始密谋违背秦始皇遗命的废立之事，但是他的计划需要得到丞相李斯的同意。李斯一开始想拒绝赵高的废立请求，但后来架不住赵高一通关乎自身利益的分析，权衡个人利弊之后答应了赵高，决定废长立幼，由胡亥取代扶苏，成为秦帝国的继承人。

秦二世继位后，实施严刑峻法，并大肆屠灭皇族，使得整个国家的气氛空前紧张。秦二世却不思安危，反倒大兴土木，继续建造阿房宫，赋税也越来越重。终于，陈胜、吴广举起了反秦的大旗。李斯在这期间，屡次进谏，都不被二世采纳。

后来，秦二世听信赵高的诬陷，认定李斯想要勾结陈胜造反，便将李斯交给赵高审理。李斯被捕后，戴上刑具的他仰天长叹，开始怨叹自己不应该与赵高勾结，导致今天这种悲凉的下场。在赵高的命令下，耐不住拷打的李斯虽然写就了一番陈述自己"罪状"（其实是陈述自己的功绩）的求情信，但最终还是含冤认罪，在咸阳的街市上被腰斩，三族尽灭。

李斯从一介平民，通过自己的学问和辩术，成为秦帝国第一位也是最有名的丞相。但站在权力巅峰的他，却做出种种错事，并最终导致了悲剧的结局。

# 原典精选

李斯者，楚上蔡人<sup>①</sup>也。年少时，为郡小吏，见吏舍厕中鼠食不絜<sup>②</sup>，近人犬，数惊恐之。斯入仓，观仓中鼠，食积粟，居大庑<sup>③</sup>之下，不见人犬之忧。于是李斯乃叹曰："人之贤不肖譬如鼠矣，在所自处耳！"

乃从荀卿学帝王之术。学已成，度<sup>④</sup>楚王不足事，而六国皆弱，无可为建功者，欲西入秦。辞于荀卿曰："斯闻得时无怠<sup>⑤</sup>，今万乘<sup>⑥</sup>方争时，游者<sup>⑦</sup>主事。今秦王欲吞天下，称帝而治，此布衣驰骛<sup>⑧</sup>之时而游说者之秋也。处卑贱之位而计不为者，此禽鹿视肉，人面而能强行者<sup>⑨</sup>耳。故诟<sup>⑩</sup>莫大于卑贱，而悲莫甚于穷困。久处卑贱之位，困苦之地，非<sup>⑪</sup>世而恶利，自托于无为，此非士之情也。故斯将西说秦王矣。"

——《史记·李斯列传》

## 注释

① 上蔡：地名，今河南省驻马店市一带。

② 絜：同"洁"，干净。

③ 庑（wǔ）：大屋。

④ 度：推测，估计。

⑤ 怠：懒惰，松懈。

⑥ 乘（shèng）：一车四马为一乘，代指军队。

⑦ 游者：游说的人，指当时的纵横家。

⑧驰骛：奔走，追名逐利。

⑨此句意思为：否则就像是禽鹿看见肉才想着去吃，空长一副人的面孔而勉强行走罢了。

⑩诟：耻辱。

⑪非：不对，认为……不对。

## 译文

李斯是楚国上蔡人。他年轻时，曾在郡里当小吏，看到办公处旁的厕所里的老鼠在吃脏东西，每逢有人或狗走近时，就受惊逃跑。李斯又走进粮仓，看到粮仓中的老鼠，吃的是囤积的粟米，住在大屋子之下，不用担心人或狗惊扰。于是李斯慨然叹息道："一个人有出息还是没出息，就如同老鼠一样，是由自己所处的环境决定的啊。"

于是李斯就跟从荀子学习帝王的治国之术。学成之后，他估量楚王是不值得侍奉的，而六国国势都已衰弱，没有为它们建功立业的希望，就想西行到秦国去。他辞别荀子说："我听说一个人若遇到机会，千万不可松懈错过。如今正是各诸侯国互相争夺的时候，游说之士掌握君主实权。现在秦王想吞并各国，称帝治理天下，这正是平民出身的人和游说之士奔走四方、施展抱负的好时机。地位卑贱而不想着去求取功名富贵，就如同禽兽一般，只等看到现成的肉才想去吃，如同白长了一副人的面孔勉强直立行走罢了。所以最大的耻辱莫过于卑贱，最大的悲哀莫过于生活贫困。长期处于卑贱的地位和贫困的环境之中，却还要非难社会、厌恶功名利禄，标榜自己与世无争，这不是士子的本愿。所以我就要到西方去游说秦王了。"

## 知识拓展

### 李斯的"仓中鼠"与"厕中鼠"理论

同样作为老鼠，处于粮仓中的和厕所中的完全是两种不同的境遇和命运。李斯青年时因目睹了这个现象而感悟，走上了一代秦相的道路。或许是这个思想的影响，在他今后的政治生涯中，面对胡亥、赵高与扶苏、蒙恬，大概他认为胡亥和赵高的朝堂才是"粮仓"，于是站在了他们这一边。李斯成功帮助胡亥登上帝位，同时也给自己的败亡悲剧埋下了伏笔。

李斯的"仓中鼠"与"厕中鼠"理论在我们今天也有一定的现实意义。无可置疑的事实是，当下每个人的所处环境都有所不同，许多人一出生就拥有了良好的资源，这可能是其他人一辈子都无法企及的。但也正如李斯一样，他贵为大秦王朝的丞相，却也是从乡野贫贱布衣做起。拥有先天资源的人，后天的努力更为重要，要知道时代的发展是瞬息万变的；而相对贫寒之人，与其自怨自艾上天之不公，不如通过奋斗，去改变自己的命运。在快速发展的社会中，太多的人想着速成式的利益，浮躁的心态下，来得快，去得也快。或许渐进式的成长才是水到渠成的秘诀。

# 第十章 坐镇后方 立汉首功——萧何

萧何年轻时曾经担任沛县的官吏，在汉高祖刘邦还是平民的时候就经常帮助和资助他，与他建立了良好的关系。

秦二世元年（公元前209年）七月，陈胜、吴广在大泽乡揭竿而起，举起了反秦的大旗。各地豪杰云集响应，而身在沛县的刘邦、萧何等人，也因此顺势而为，共同反秦，自此，萧何辅佐刘邦开启了一番帝王霸业。

## 一　入都计长远，月下追韩信

秦二世元年（公元前 209 年），陈胜、吴广起义，开始反秦。刘邦等人也叛秦自立。刘邦自封为"沛公"。刘邦成为沛公后，萧何就作为他的助手来督办公务。公元前 207 年十月，刘邦率先攻入咸阳。当刘邦手下的将领们纷纷趁乱分取财物和抢掠美女时，只有萧何独具长远的眼光，火速前往秦朝的御史府，将秦朝的国家户籍、地形图册和法律条文等图书档案一一清查，并分门别类地收藏起来。

后来，项羽和其他各路诸侯攻入咸阳，也不过都是烧杀掳掠一番就离去了。唯独刘邦对整个天下的关塞险要、户口情况、强弱形势和民间疾苦都能做到了然于胸，这确实都是萧何收藏这些图书档案的功劳。这些资料对日后汉帝国的建立和稳固，起到了至关重要的作用。

项羽率军入关后，自封为西楚霸王，并背弃原先谁先入关中，谁为关中王的约定，改封刘邦为汉王，封地也改为荒远偏僻的巴蜀之地。刘邦虽然心中对此不满，但势单力薄，只好听从萧何、张良等人的建议，在蜀地隐忍，明面上休养生息，暗中继续广招人才，然后再寻求机会反攻关中，并与项羽一决高下。

但是刘邦的部下大部分不是蜀地之人，时间长了就会思念家乡，因此逃跑的人越来越多。有一天晚上，萧何突然接到一个消息，说一位叫韩信的小官也离开了汉营。萧何却立刻紧张起来，他放下手中还

▶萧何追韩信图

没处理完的公务，亲自策马追赶韩信，甚至都来不及向刘邦禀报。

刘邦当时正在为这些逃兵之事担忧，忽然听到萧何也跑了的消息，不由大惊失色，立即派人去找萧何。萧何一直追到深夜，才终于赶上韩信。韩信向萧何说明自己离开的原因是不受重用。萧何深知韩信是名将才，向他保证回去后一定尽力向刘邦举荐他，才终于让韩信回心转意。

萧何带着韩信回到汉营后，向刘邦说明了情况。刘邦却很不以为然地问道："逃走的将军也都有十几个，你怎么偏偏去追韩信？"萧何答道："那些将军都容易得到，可韩信却是不世出的统帅之才，如果跑了，恐怕再没有第二个这样的人了。如果大王您只想当个汉中王，没有韩信也就罢了；如果您要准备攻取天下，那就非得有韩信不可。"

刘邦听从了萧何的建议，于是拜韩信为大将军。韩信也果然没有辜负萧何的信任，在日后的楚汉战争中，他率领汉军连战连胜，最后更是在垓下布置十面埋伏，全歼项羽大军，终于使刘邦一统天下。而萧何"月下追韩信"的故事也成为千古佳话，作为慧眼识人的典范事例之一，在后世流传。

## 二 坐镇督关中，开国封首功

汉王刘邦拜韩信为大将军后不久，采纳了张良、韩信所献的"明修栈道，暗度陈仓"之计，领兵东进，平定了三秦之地。在此过程中，萧何以丞相的身份留守治理巴蜀后方，安抚民众，发布政令，供给前线军队粮草。刘邦再度攻取关中后，联合各路诸侯攻打楚军。萧何坐镇关中，帮助太子制定法令规章，恢复建立宗庙宫室，同时负责兵员和粮饷的筹措补给。萧何在关中的政策合适高效，关中的农业生产得到恢复，成为刘邦稳固的后方，使得汉军形成了兵多粮足的大好形势，为夺取天下打下了良好的基础。

汉五年（公元前 202 年），项羽被灭，刘邦终于一统天下。在庆功宴上，他问群臣："你们说一说，我夺取天下的原因究竟是什么？"群臣议论纷纷，却都没能让刘邦满意。刘邦说道："你们说的都有一定道理，但都不是关键。其实，运筹于帷幄之中，决胜于千里之外，我比不上张良；镇守国家、安抚百姓、供给军需粮饷，我比不上萧何；指挥百万大军，与敌军作战，攻城拔地，我比不上韩信。这三个人都是顶尖的豪杰，却为我所用，所以我才能取得天下啊！"

不过，尽管刘邦给了萧何极高的评价，但在论功行赏时，有的将领却对萧何的功劳产生了质疑。他们认为萧何没有亲自上前线作战，只是在后方舞文弄墨，如果这样都能封赏高于他们，他们心中自然会有些不服。对于这些议论，刘邦问这些将领："你们懂得打猎吗？"将领们纷纷点头。刘邦就对他们说："那你们应该知道，在打猎的时候，追咬野兽的是猎狗，但是发现野兽踪迹并指出野兽所在位置的是猎人。你们都只是能捉到野兽，功劳不过是像猎狗而已。而萧何的功劳，就如同猎人一样，能发现野兽踪迹，并指出它们的位置。更何况，你们大部分只是个人追随我，而萧何却让本族里的几十个人都一起来随我

▲明·刘俊《汉殿论功图》，汉高祖刘邦初立，功臣在殿上争功邀赏，以致拔剑砍殿柱。叔孙通说服汉高祖召鲁地诸生，规定朝仪。

打天下。他的功劳，我又怎么能忘呢？"群臣就都不敢再说话了。

　　封赏完毕后，在评定位次时，群臣又都说："平阳侯曹参身受七十多处创伤，攻城占地，他的功劳最大，应该排在第一位。"高祖觉得在封赏上已经委屈了功臣们，在评定位次时就没有再反驳大家。这时，关内侯鄂千秋进言道："各位大臣的主张并不正确。曹参当然多次立下战功，但这不过都是一时的事情。而萧何源源不断地为前线补充兵员和军需，并始终维持着关中之地的正常发展，这才是万世不朽的大功劳！理应还是萧何排第一位，曹参居第二位。"这一番话正说中了刘邦的心意，刘邦大喜，确定萧何为第一功臣，并特许萧何可以带剑穿鞋上殿，上朝时也可以不按照礼节小步快走。因此萧何有"开国第一侯"之称。

## 三　谋策诛功臣，自污存性命

　　刘邦称帝后，萧何被任命为丞相。为了巩固汉帝国的政权，萧何开始替刘邦谋划，逐一削除异姓王。此时的他，已经站在另一个角度考虑问题，故此一步步打压握有兵权的韩信。汉十年（公元前197年），巨鹿郡守在韩信的示意下起兵谋反，韩信想借此机会攻取长安。不过，韩信的密谋被家臣泄露，家臣向吕后告发了韩信准备反叛的消息。吕后打算将韩信召入宫中赐死，又怕他不肯就范，于是找来萧何一同谋划。萧何就让人假说叛臣已经被俘获处死，列侯群臣都来祝贺。他还欺骗韩信说："即使你有病，也要强打精神进宫祝贺吧。"韩信进宫后，就被吕后命人擒获，在长乐宫的钟室被杀掉了。因为之前有"月下追韩信"时萧何对他的赏识和器重，最终又被萧何用计所擒杀，所以有了"成也萧何，败也萧何"的说法。

前线的刘邦听说这个消息后，派遣使者加封萧何五千户，又命令五百士卒、一名都尉来做他的卫队。众人纷纷前来道贺，只有一个名叫召平的门客前来表达哀悼。此人原先是秦朝的东陵侯，秦朝灭亡后他沦为平民，因家贫在长安城东种瓜，他种的瓜味道甜美，被称为"东陵瓜"。他对萧何说道："皇上御驾亲征，却给留在朝中的您增设卫队，这是皇上在怀疑您有谋反的心思。我建议您谢绝封赏，并把家产都捐给军队，皇上才会高兴。"萧何照做，刘邦果然非常欢喜。

两年后，淮南王英布谋反，刘邦再次御驾亲征，期间多次派人询问萧何在做什么。这时，又有门客来劝告萧何："恐怕您要大祸临头了。皇上还是对您不放心，毕竟您功劳最大，而且深得民心。如今，您只有强购一些民田民宅，放些高利贷，败坏自己的名声，皇上才能安心。"萧何采纳了他的建议，这才让刘邦放心下来。

但是，萧何又因为干了这些损害普通百姓利益的事情而良心不安，又想弥补百姓，于是他请求刘邦将上林苑的闲置荒地分给百姓去耕种。刘邦听后大怒，认为是萧何在取悦于民，于是将他逮捕入狱。后来经人求情，萧何才被释放，从此以后萧何更是如履薄冰，极为谨慎地处理国事。直到刘邦去世后，萧何病重，孝惠皇帝探视病情时问萧何继任丞相的人选，他回答道："最了解臣下的还是君主。"孝惠帝就问他曹参怎么样，他叩头说道："陛下有合适的人选了，我就算死了也不遗憾！"

萧何购置田地住宅的选址必定是在贫苦偏僻的地方，而且不建造有矮墙的房舍，并说道："我的后代贤能，就会学习我的俭朴；就算他们不贤能，也不会因此被有权势的人惦记夺取。"正是因为萧何这种一贯的远见卓识，他的侯爵传的世代最多，这在汉初功臣中是极罕见的。

一个新王朝的建立，固然与历史的大趋势、明智有方的君主和能征善战的良将有莫大关系，但如萧何一样的文臣也在其中起到了关键作用。在汉王朝的建立过程中，萧何充分展现了他颇有远见的政治眼光，也为稳定汉军的后方做出了不可替代的贡献。汉朝建立后，他治国有方，尊重百姓在连年征战后需要休养生息的愿望，制定了合理的国策。最终，他的明哲保身，也证明了他是一位极有智慧的文臣。

## 原典精选

萧相国何者，沛丰人也。以文无害①为沛主吏掾。

高祖为布衣时，何数以吏事护高祖。高祖为亭长②，常左右③之。高祖以吏繇④咸阳，吏皆送奉钱三，何独以五。

秦御史监郡者⑤与从事，常辨⑥之。何乃给泗水卒史事，第一。秦御史欲入言征⑦何，何固请⑧，得毋行。

及高祖起为沛公，何常为丞督事。沛公至咸阳，诸将皆争走金帛财物之府分之，何独先入收秦丞相御史律令图书藏之。沛公为汉王，以何为丞相。项王与诸侯屠烧咸阳而去。汉王所以具⑨知天下厄塞⑩，户口多少，强弱之处，民所疾苦者，以何具得秦图书也。何进言韩信，汉王以信为大将军。语在淮阴侯事中⑪。

——《史记·萧相国世家》

### 注释

①文无害：指文书通顺达意、无瑕疵。

②亭长：秦朝时郡县以下设乡、亭两级基层组织。亭长在当时不是官，只能算办事的吏。

③左右：在他左右帮助他的意思。

④繇（yáo）：通"徭"，劳役。这里指刘邦以吏的身份去服劳役。

⑤监郡：监察郡里的工作。

⑥辨：辨别。这里意思是办事有条理，各事项都分辨得清楚。

⑦征：征召。

⑧请：辞谢。

⑨具：通"俱"，全，尽。

⑩厄塞：要塞，险要之地。

⑪语在淮阴侯事中：指相关记载已写在《淮阴侯列传》中。

## 译文

萧相国萧何，沛县丰邑人。他因文书通顺无错而在沛县县令手下做主吏掾。

汉高祖刘邦还是平民时，萧何多次凭着官吏的职权保护着他。刘邦当了亭长，萧何也常常帮助他。刘邦以官吏的身份到咸阳服徭役，吏员们都奉送他三百钱，唯独萧何送他五百钱。

秦朝的监御史到泗水郡督察工作，萧何跟着自己的属官办事，经常把事情办得清晰有条理。于是萧何担任了泗水郡卒史的工作，公务考核中名列第一。监御史打算入朝进言征调萧何，萧何一再辞谢，才没有成行。

等到刘邦起事做了沛公，萧何常作为副手督办公务。沛公攻入了咸阳，将领们都争先奔向府库，分取金帛财物，唯独萧何率先进入宫室收取秦朝丞相及御史掌管的法律条文、地理图册、户籍档案等文献资料，并将它们收藏起来。沛公做了汉王，任命萧何为丞相。项羽和诸侯军队进入咸阳屠杀焚烧了一番就离去了。汉王之所以能够详尽地了解天下的险关要

塞，户口多少，各地强弱，民众的疾苦等，就是因为萧何完好地得到了秦朝的文献档案的缘故。萧何向汉王推荐韩信，汉王任命韩信为大将军。这件事见《淮阴侯列传》中的记载。

# 知识拓展

## 国士无双

含义：汉语成语，指一国独一无二的人才。出自《史记·淮阴侯列传》中萧何对韩信的评价："诸位将军都是比较容易得到的，但是像韩信这样的人，属于国士无双。"

造句：这位学者知识渊博，品行兼具，真可谓国士无双。

## 成也萧何，败也萧何

含义：指事情的成败好坏全因为同一个人或同一件事所导致的。出自韩信一生的故事。韩信因为萧何的举荐成为一代名将，最后也是因为萧何给吕后出计策，引他进宫，以谋反罪诛杀了他。后人依此引出"成也萧何，败也萧何"这一成语来。

造句：某公司因为互联网的发展而迅速壮大，最后也在互联网科技日新月异的竞争中被淘汰了下来。真是成也萧何，败也萧何啊！

# 第十一章　能文能武　萧规曹随——曹参

曹参（？—公元前190年），西汉开国功臣之一，第二位相国，著名的军事家和政治家。他最出名的典故就是后世为人称道的『萧规曹随』。不过，他在成为一代相国之前，是一名勇武善战的武将，并屡立战功。曹参在战争中勇武无畏，在治国上也具有政治才能，堪称文武皆备的能臣。

# 一　能征善战的"拼命"将军

曹参和汉高祖刘邦、萧何等人一样，都是沛县人。当时，曹参做沛县的狱掾，萧何做主吏，他们在县里已经是十分有名望的官吏了。

从刘邦起兵反秦并成为沛公后，曹参就一直跟随刘邦征战。曹参率军攻下数城，接连夺取周围的地盘，刘邦因此赏赐给他一定的爵位。曹参作战勇猛，在攻城战中多次争先登上城楼。他多次击败秦军，秦军王离、赵贲、杨熊的军队，都被他击败过。在攻取峣关、进逼秦都咸阳的作战中，他也做出了一定的贡献。

项羽进入关中后，封刘邦为汉王。之后，曹参跟随汉王回军平定三秦，汉王把宁秦赐给曹参作食邑。接下来的楚汉战争中，曹参面对比秦军更为勇猛的楚军，依然不顾生死，打出了一位将军的气势和魄力。虽然他所参与的战役并不像一些经典战役一样曲折离奇，但他的军功却是用命拼出来的。他跟随韩信击败项羽部下猛将龙且，又最终在垓下围杀项羽。到天下太平的封赏之日，战争已经在他的身上留下了七十多处伤痕。他总计攻下两个诸侯国，一百二十二个县；俘获诸侯王二人，诸侯国丞相三人，将军六人，郡守、司马、军侯、御史各一人。他也因卓绝的军功差一点被评为首功之臣。

## 二 管理有道的"无为"齐相

刘邦对曹参十分信任，将他派往儿子刘肥的封国齐国去担任丞相。曹参做齐国丞相时，齐国共有七十座城邑，治理难度还是很高的。当时天下刚刚平定，刘肥年纪很轻，曹参就把有经验的老者和有文化的读书人都召集来，询问安抚百姓的办法。但齐国原有的那些读书人数以百计，众说纷纭，曹参不知道如何决定行政方针。后来，他听说胶西有位盖（gě）公，精研黄老学说，就派人带着厚礼将盖公请来。盖公对曹参说，治理国家的办法就是清静无为，让百姓们自行安定，并以此类推，把这方面的道理都讲清楚了。于是曹参让出自己办公的正厅，让盖公住在里面。此后，曹参治理齐国的要领就是采用黄老的学说，所以他治理齐国的九年，齐国安定，人们都称赞他是贤明的丞相。

汉惠帝二年（公元前193年），汉朝首任相国萧何去世。曹参听到这个消息，就告诉他的门客赶快整理行装，说道："我将要入朝当相国去了。"过了不久，朝廷果然派人来召曹参入朝。曹参离开时，嘱咐继任齐国丞相说："监狱和集市，是某些人行为的寄托所在，要慎重对待这些行为，不要轻易干涉。"那名继任丞相有些不解地问道："治理一个国家难道没有比这件事更重要的吗？"曹参答道："不是这样。监狱和集市这些行为，是善恶并容的，如果您严加干涉，坏人在哪里容身呢？我因此把这件事放在最前面跟你说。"

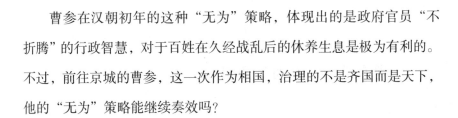
曹参在汉朝初年的这种"无为"策略，体现出的是政府官员"不折腾"的行政智慧，对于百姓在久经战乱后的休养生息是极为有利的。不过，前往京城的曹参，这一次作为相国，治理的不是齐国而是天下，他的"无为"策略能继续奏效吗？

## 三　萧规曹随的"安乐"相国

曹参的汉朝相国之位是萧何举荐的，当初在沛县地位不高的时候，他跟萧何的关系很好。等到两个人各自做了将军、相国，便渐渐有了隔阂。然而，到萧何临终时，萧何向孝惠皇帝刘盈推荐的贤臣只有曹参。于是，曹参接替萧何做了汉朝的相国，并且一概遵循萧何制定的法度，几乎没改变什么东西。

曹参从各郡和诸侯国中挑了一些质朴而不善文辞的厚道人，任命为相国的属官；对于那些言语文字苛求细枝末节，想一味追求声誉的官吏，他就会撵走他们。而他自己只是整天痛饮美酒。一些官吏和宾客们见曹参不理政事，来相国府做客时都想劝说曹参。可是这些人一到，曹参就立即拿美酒给他们喝，过了一会儿，有的人想说些什么，曹参又让他们喝酒，直到客人喝醉后离去，始终没能开口劝谏，如此习以为常。

相国住宅的后院靠近官吏们的房舍，那里整天都是饮酒歌唱和大呼小叫的声音。曹参的随从官员们很厌恶这件事，但对此也无可奈何，于是就请曹参到后院中游玩，希望他听到那些官吏们作乐的声音，随从官员们希望相国把他们叫来加以制止。但是曹参反而叫人取酒，并陈设座席痛饮起来，而且也高歌呼叫，与那些饮酒的官吏们相应和。此外，当他发现别人有细小的过失，总是隐瞒遮蔽，因此相府中一直平安无事。

曹参的儿子曹窋（zhú）当时在朝中做中大夫。汉惠帝埋怨曹参不理政事，觉得他是看不起自己，于是对曹窋说："你回家后，试着私下问问你的父亲，就说'高帝刚刚去世，皇上又很年轻，您身为相国，整天喝酒，遇事也不向皇上请示报告，是根据什么考虑国家大事呢？'但是，这些话不要说是我告诉你的。"等到曹窋休息回家，闲暇时陪着父亲，就按惠帝的意思规劝曹参。曹参听了大怒，打了曹窋二百板子，说道："你快点儿进宫侍奉皇上去，国家大事不是你应该讨论的。"等到上朝的时候，惠帝就责备曹参说："你为什么要惩治曹窋？上次是我让他规劝您的。"曹参脱帽谢罪，问道："请陛下您自己仔细考虑一下，在圣明英武上您和高帝（刘邦）谁强？"惠帝谦虚地答道："我怎么敢跟先帝相比呢？"曹参又问道："那陛下看我和萧何谁更贤能？"惠帝就答道："您好像不如萧何。"曹参这时才说道："陛下说得很对。高帝与萧何平定了天下，法令已经明确，如今陛下只要不瞎折腾，我等谨守各自职责，遵循原有的法度而不随意更改，不就行了吗？"惠帝这才恍然大悟，说道："好。您继续休息吧！"

曹参做汉朝相国，前后有三年时间。百姓们纷纷歌颂曹参的事迹："萧何制定法令，明确划一；曹参接替萧何为相，遵守萧何制定的法度而不改变，这种清静无为的做法，百姓因为不被骚扰而感到安定。"
这正是曹参为后世称道的"萧规曹随"的做法。

　　作为从武将转型的文臣，曹参能够清醒地认识到他在治国方面与
萧何的差距，坚持沿用萧何的方略，使用"不折腾"的无为而治。曹
参的这一做法，就能看出来，他并非是只会征战的大将，而是具有相
当政治智慧的能臣。能文能武，用来评价曹相国，可以说是并不过
分的。

## 原典精选

孝惠帝①元年，除②诸侯相国法，更以参为齐丞相。参之相齐，齐七十城。天下初定，悼惠王③富于春秋④，参尽召长老诸生，问所以安集百姓，如⑤齐故诸儒以百数，言人人殊，参未知所定。闻胶西有盖公⑥，善治黄老言⑦，使人厚币请之。既见盖公，盖公为言治道贵清静而民自定，推此类具言之。参于是避正堂，舍⑧盖公焉。其治要用黄老术，故相齐九年，齐国安集，大称贤相。

惠帝二年，萧何卒。参闻之，告舍人趣⑨治行，"吾将入相"。居无何⑩，使者果召参。参去，属⑪其后相曰："以齐狱市为寄，慎勿扰也。"后相曰："治无大于此者乎？"参曰："不然。夫狱市者，所以⑫并容也，今君扰之，奸人安所容也？吾是以先之。"

——《史记·曹相国世家》

### 注释

①孝惠帝：刘盈。刘邦嫡长子，汉朝第二位皇帝。

②除：废除。

③悼惠王：刘肥。刘邦庶长子，受封齐王，曹参即为他的丞相。

④富于春秋：指年轻。

⑤如：表转折，而。

⑥盖（gě）公：汉初贤士。

⑦黄老言：道家学说。黄，黄帝；老，老子。

⑧舍（shè）：住。意思为避开正堂让盖公住。

⑨趣：通"促"，赶快。治：整理，备办。

⑩居无何：过了不久。

⑪属（zhǔ）：通"嘱"，嘱咐。

⑫所以：表示行为所凭借的方式、方法，相当于"用来……的"。

## 译文

孝惠帝元年（公元前 194 年），汉朝废除诸侯国设相国的法令，改为丞相，所以曹参改封齐国丞相。曹参做齐国丞相时，齐国有七十座城池。当时天下刚刚平定，悼惠王年纪很轻，曹参把诸位长老、儒生们都召来，询问安抚百姓的办法。但齐国原有的儒生数以百计，众说纷纭，曹参不知道如何决定。他听说胶西有位盖公，擅长治学黄老学说，就派人带着厚礼把他请来。曹参见到盖公后，盖公对曹参说治理国家之道贵在清静无为，休养生息，百姓们就会自行安定下来，并具体做了一些引申阐发。曹参于是让出自己的正屋厅堂，让盖公住。此后，曹参治理国家的要领就是采用黄老的学说，所以他当齐国丞相九年，齐国安定团结，人们称赞他是贤明的丞相。

惠帝二年（公元前 193 年），萧何去世。曹参听说后，就告诉他的门客让他们赶快整理行装，说："我将要入朝廷当相国去了。"过了不久，朝廷果然派使者来召曹参。曹参离开时，嘱咐继任的齐国相说："把齐国的狱市托付给你，要慎重对待这些行为，不要轻易干涉。"继任丞相说："治理国家没有比这件事更重要的吗？"曹参说："不是这样。狱市，是善恶并容的，如果您干扰它，坏人还在哪里容身呢？我因此把这件事摆在前面。"

# 知识拓展

## 萧规曹随

含义：汉语成语，比喻按照前人的成规办事。出自萧何和曹参的故事，他们在汉初先后任相国。萧何创立了一套治理国家的规章制度，萧何死后曹参继任，完全照章行事。

造句：自他上任以来，公司的制度都是萧规曹随，并没有什么大的革新。

# 第十二章　运筹帷幄　决胜千里——张良

张良（？—公元前189年），字子房，西汉开国功臣之一，政治家，与萧何、韩信并称为『汉初三杰』。张良以出色的谋略著称，『运筹帷幄，决胜千里』就是对他最为精到的评价。

# 一 谋刺秦皇 天赐奇书

张良是战国时期的贵族后裔，他的祖父和父亲都是韩国的丞相。
不过张良并没能继续这种家族传承，因为韩后来被秦灭国了。从此，
灭国亡家的惨痛经历在少年张良的心中播下了仇恨的种子，他想要杀
了秦始皇报仇。

张良寻访高人，散尽家财，找到了一名力大无穷的大力士，并重
金打造了一只大铁锤。之后，他打探到了秦始皇东巡的路线，在途经
的博浪沙设下埋伏。不过，天不遂人愿。本来按照乘坐车辆的制度，
天子出行应该是六马拉车，才能显示出皇帝身份的尊贵。但秦始皇覆
灭六国，树敌太多，早就对刺杀有所防备，因此将全部车驾都换成了
四马拉车。这一下，张良蒙了，但箭在弦上不得不发，他还是指挥大
力士向车队中间最豪华的马车击去。

张良苦心经营的这场刺杀最终以失败告终，大铁锤击中的只是秦
始皇的副驾。秦始皇对这件事十分恼怒，机智的张良趁乱钻入芦苇丛
逃跑，没给秦始皇留下任何相关线索，这才幸免于难。

俗话说，"大难不死，必有后福"。很快，一桩机缘就找上了张良。
一天，张良在桥上散步，碰见了一个穿着粗布短袍的老人。老人对张
良表示欣赏，将一卷书交给了张良，并说："好好研究它，来日可做
帝王之师。"

張良

姓張名良字子房韓人大父開地相韓昭侯父平相釐
王悼惠王平奉秦滅韓良平少未宦事韓報仇破良家僮三
百人弟死不葬悉以家財求客刺秦王為韓報仇以五世相
韓故得力士為鐵椎重百二十斤擊秦皇博浪沙中誤中副
車乃匿下邳遊圯上有老人墮履圯下良進之出一編書
曰讀此則為王者師後佐漢高祖平定天下運籌帷幄之中
決勝千里之外與蕭韓稱為三傑封留侯願棄人間事欲
從赤松子遊乃學辟穀道引輕身會高帝崩呂后德留侯乃
彊聽而食後八年卒謚為文成矦

▲张良像 清·无名氏《历代帝王圣贤名臣大儒像》

老人说罢，飘然而去。天亮后，张良才发现这卷书就是有名的兵书《太公兵法》。从此，张良日夜研习这卷兵书，逐渐成长为一个文武兼备、通晓韬略的战术大师。只是，他急需一个将理论转化为实践的机会。不久，这个机会便来临了。

## 二 佐策入关 鸿门智斗

秦末的严苛法律和残暴统治很快就引发了一场轰轰烈烈的反抗。秦二世元年（公元前209年）七月，陈胜、吴广在大泽乡起兵反秦。一时之间，各地反秦武装风起云涌。自博浪沙刺秦后漂泊十年的张良，觉得机会来了，他召集了一百多个年轻人，也拉起了反秦的旗帜。

不过，张良很快就感到势单力薄，决定率众投奔自立为楚假王的景驹，却在途中与刘邦不期而遇。二人相见如故，几番畅谈后，张良发现刘邦很认可自己的谋略。于是，他改变了投奔景驹的想法，决定追随刘邦。张良这次的抉择，充分显示了他过人的眼光和清醒的头脑。毕竟作为谋士，只有得到明主的信赖和器重，自己的才华和抱负才有可能施展。

秦二世二年（元前208年）六月，项梁、项羽叔侄所率的队伍发展壮大，并拥立楚怀王为主。张良趁机提出"复韩"的请求，并获得许可，终于如愿以偿地成为韩国的丞相。年底，楚怀王命刘邦、项羽分兵伐秦，并约定谁先入关进咸阳，谁就能被封为王。第二年七月，刘邦率兵攻占颍川，并与张良的韩军会合。九月，军队抵达南阳郡，郡守退入城池固守。刘邦当时急于灭秦，准备绕过城池继续西进。张良却认为不妥，劝说道："您虽然急于进关，但这一路上秦兵很多，而且都扼守着险要的地势。如果现在不拿下城池，到时候秦军前后夹击，就很危险了。"刘邦听后采纳了张良的建议，立即趁着夜色返回，并在之后用计，兵不血刃地拿下城池，并抵达峣（yáo）关（今陕西商州西北）。

峣关作为拱卫秦都咸阳的最后一道关隘，有重兵据守在此处。刘邦赶到关前，担心项羽抢先，准备强行攻取。这时，张良又劝谏刘邦不能强攻，并献出了一个智取的妙计，说道："我听说守将是个屠夫的儿子，像这种市井小人，容易被蝇头小利诱惑。您可以派先遣部队预备好五万人的军粮，在四周山间增设大量军队旗帜，虚张声势作为疑兵。之后，再派人用珍宝财物去劝诱就可以了。"刘邦采纳了张良的计策，守将果然投降，甚至表示愿意和刘邦联手进攻咸阳。刘邦大喜，张良却再次劝谏："这不过是守将想要反叛，他的部下却未必，不如趁机消灭他们。"于是，刘邦率兵突袭峣关，秦军果然因为将士异心大败。刘邦乘胜追击，抢先项羽一步入关中，并逼迫秦王投降。这一切，与张良的计策密不可分。

刘邦意气风发地入主秦都咸阳，眼见那宫殿美轮美奂，珍宝美女不计其数，一时间也是流连忘返，就想久留宫中安享富贵。樊哙劝刘邦住到宫外去，刘邦却根本不理睬。这时张良劝说道："正因秦君无道，所以您才能推翻他来到这里。您如果想要为天下黎民继续消灭暴政，那么您自身就应该注重节俭。大军才入秦都，您就贪图享受，这就是所谓'助桀为虐'了。'良药苦口利于病，忠言逆耳利于行'，希望您能听取樊哙将军的谏言。"刘邦这才接受了劝谏，下令封存秦朝珍宝财物，还军灞上整肃军纪，争得民心，为他日后以关中为根据地打下了良好的政治基础。

公元前206年的二月，项羽率军抵达函谷关，当他听说刘邦已经攻下咸阳的消息，十分恼怒，要与刘邦决一死战。

项羽的叔父项伯与张良是旧交，项伯连夜去见张良，将消息告诉他并让他赶紧逃走。张良回答说："我是奉令协助沛公（刘邦）入关的，现在沛公身处危难之中，我独自逃走是不合道义的。"

于是张良来到刘邦的营帐中，将项伯所说都告诉了刘邦。刘邦不由大惊："这可怎么办？"

张良反问刘邦："您估计我们的军队能抵挡得住项羽的进攻吗？"刘邦摇了摇头。

张良计上心头，知道项伯是处理好这次危机的关键人物。于是，他请刘邦用高规格的礼仪接待了项伯，态度诚恳地向项伯解释所谓"抢占咸阳"不过是个误会。刘邦的一席话说得项伯信以为真，就交代刘邦第二天一早要亲自向项羽谢罪。项伯连夜回到鸿门，将刘邦的话转告给项羽，并缓解了紧张的局势。

刘邦仅带着张良、樊哙和百余从骑来见项羽。刘邦一见项羽，立即谦恭委屈地谢罪，并说了很多好话，令项羽动了"妇人之仁"，留下刘邦一起饮酒。席间，一直对刘邦有所忌惮的谋臣范增多次示意项羽动手，但项羽犹豫不决。于是范增又召来勇士项庄，令他舞剑助兴，趁机杀死刘邦。项伯看出其中端倪，拔剑对舞，并用自己的身体护住刘邦。张良见到情况不妙，找到樊哙护驾。樊哙的赤胆忠心得到了项羽的赏识，缓和了局面，并给了刘邦离开的机会。最终，刘邦借口上厕所脱身，张良则留下来应对局面，以重金宝物的许诺换得了项羽的原谅。

在这次生死攸关的智斗中，智勇双全的张良最终不仅巧妙地帮助刘邦脱困，还在项羽军中埋下了君臣内斗的祸根。

## 三　明烧栈道　下邑奇谋

鸿门宴之后，项羽很快自立为西楚霸王，定都彭城（今江苏徐州），统辖梁、楚九郡，并"计功割地"分封了十八路诸侯为王。项羽不仅违背了楚怀王之前"谁先攻入关中，谁就做关中王"的约定，还将刘邦分封到荒凉偏僻的巴蜀之地为汉王。张良打算离开刘邦回韩国，刘邦就赐他重金财宝，他却转手就将这些财宝都送给了项伯，并让项伯去说服项羽加封汉中地区给刘邦。于是，刘邦就这样又得到了汉中之地。

刘邦前往封国，张良与他在褒中（今陕西汉中市褒城镇）分别。张良观察此处地势，对刘邦建议道："等我走后，汉王应该将这些出入蜀地的栈道都烧掉，向天下表明你没有再回中原的打算，就能打消项羽的猜疑之心。"刘邦听从了他的建议，烧掉了所有的栈道。等到张良到了项羽那里，项羽并没有派遣韩王去封国，张良就趁机对项羽说了刘邦烧栈道的事情，并劝说项羽要防范齐王，成功地帮助刘邦转移了项羽的军事重心。

之后，项羽在彭城杀掉了韩王。张良连夜逃跑，又辗转回到了刘邦身边。此时，刘邦已经在韩信"暗度陈仓"的军事奇谋下拿下了三秦之地，就将张良封为成信侯。公元前205年春，刘邦连收五路诸侯大军，率兵伐楚，直捣都城彭城。但是，攻占了彭城后的刘邦又犯了被胜利冲昏头脑的老毛病，不但没有采取合适的防御策略，反而开始纵军敛财和置办宴会，最终被项羽回援大败，只能仓皇出逃下邑。

在这兵败危亡的关键时刻，张良再度献出奇谋："英布是楚国的猛将，但听说他与项羽有了隔阂；另一员楚将彭越也已经有反叛项羽的意思，也可以利用。另外，咱们汉军的将领中，只有韩信可以独当一面。大王用好这三个人，就能够灭楚。"刘邦对张良言听计从，采纳并实施了这一战略奇谋，逐步形成了一个共同打击项羽的军事联盟，彻底扭转了楚汉战争的局势。

之后，张良又劝谏了刘邦要在战争结束前分封诸王的想法，也阻止了刘邦和韩信因为封地之事翻脸的举动，团结了刘邦的军事联盟，最终彻底消灭了项羽的势力。公元前202年二月，刘邦正式登基为帝。同年五月，刘邦在洛阳南宫举行庆功宴。席间，君臣共饮的气氛十分融洽，论及汉得天下的原因时，刘邦对张良高度评价："说到运筹帷幄，在千里之外决胜，我可是比不上张良啊！"

张良的谋略远胜常人，屡次帮助汉军化险为夷，这让他的一生颇具传奇色彩。在帮助刘邦建立西汉王朝之后，据说张良开始追寻长生之道，退隐山林，这或许也是他明哲保身的一种方法吧。

## 原典精选

　　良尝闲从容步游下邳圯①上，有一老父，衣褐，至良所，直堕其履圯下，顾谓良曰："孺子，下取履！"良鄂然②，欲殴之。为其老，强忍，下取履。父曰："履我！"良业为取履，因长跪履之。父以足受，笑而去。良殊大惊，随目之。父去里所，复还，曰："孺子可教矣。后五日平明，与我会此。"良因怪之，跪曰："诺。"五日平明，良往。父已先在，怒曰："与老人期，后③，何也？"去，曰："后五日早会。"五日鸡鸣，良往，父又先在，复怒曰："后，何也？"去，曰："后五日复早来。"五日，良夜未半往。有顷④，父亦来，喜曰："当如是。"出一编书，曰："读此则为王者师矣。后十年兴。十三年孺子见我济北，谷城山下黄石即我矣。"遂去，无他言，不复见。旦日视其书，乃《太公兵法》也⑤。良因异之，常习诵读之。

——《史记·留侯世家》

### 注释

①圯（yí）：桥。

②鄂然：惊讶。鄂，通"愕"。

③后：（比我）晚到。

④有顷：一会儿。

⑤《太公兵法》：相传为姜太公所作兵书。

## 译文

张良曾闲暇散步在下邳的一座桥上，有一个老人，穿着粗布衣裳，走到张良跟前，故意把他的鞋甩到桥下，看着张良对他说："小子，下去把鞋捡上来！"张良惊讶了一下，想打他，因为见他年老，勉强地忍了下来，到桥下拾起了鞋。老人说："给我把鞋穿上！"张良觉得既然已替他把鞋捡了上来，就跪着替他穿上。老人把脚伸出来穿上鞋，笑着离去了。张良十分惊奇，目送老人的身影。老人离开了约有一里路，又返回来，说："你这个孩子值得教导。五天后天刚亮时，与我在这里相会。"张良觉得这件事很奇怪，跪下来说："好的。"五天后天亮时，张良前往那个地方。老人已先在那里了，生气地说："跟老者约会，反而后到，为什么？"老人说完就离开了，并说："五天以后早早来会面。"五天后鸡一叫，张良就去了。老人又先在那里，又生气地说："又来晚了，这是为什么？"说完又要离开，临走前对张良说："五天后再早点儿来。"五天后，张良不到半夜就去了。过了一会儿，老人也来了，高兴地说："应当像这样才好。"老人拿出一部书，说："读了这部书就可以做帝王的老师了。十年以后就会发迹。十三年后小伙子你到济北见我，谷城山下的黄石就是我。"说完便走了，没有别的话留下，张良从此也没有见到这位老人。天明时一看老人送的书，原来是《太公兵法》。张良因而觉得这部书非同寻常，经常学习、诵读它。

## 知识拓展

## 汉初三杰为何唯有张良能善终?

在汉朝开国元勋中,张良、萧何与韩信功劳尤其重大,被誉为"汉初三杰"。也因为功高震主,皇帝生疑,韩信以谋反罪被吕后伏杀,萧何晚年入狱。唯有张良自始至终都得到皇帝信任,能够在危机重重的宫廷斗争中得以善始善终,这到底是什么原因呢?

首先张良的身份比较特殊。张良原是韩国人,他走向反秦的道路目的也很明确,就是报亡国之仇。其次,张良在追随刘邦过程中,也一直都不贪恋权势。他没有在刘邦手下做官,而是作为一个"借士"在替刘邦出谋划策。当成功帮刘邦从项羽那儿取得川蜀之地的封赏后,他就返回韩国了。当刘邦需要他的时候,他又能及时出现。

再者,张良是一个有大智慧的人。他深知"飞鸟尽,良弓藏"的道理。韩信取得巨大功绩,想要的是更大的权力;萧何位列功臣榜第一,满足于良好的名望。只有张良,真正做到了进退自如。汉朝建立,他辞掉三万户的封邑,退居朝野,秉承着可有可无、时进时止的处事原则。在刘邦翦灭异姓王以及皇室的明争暗斗中,张良也极少参与,并恪守"疏不间亲"的遗训,所以,他也才没有卷入这些斗争的漩涡。

最后,在更易太子这种涉及国本的大事上,张良没有一味躲避,帮助太子稳定了地位,所以吕后也感激他。对于刘邦和吕后来说,张良丝毫不会对他们的地位产生威胁,反倒当遇到困难的时候,或许还能帮上大忙,所以自然也就会善待于他了。

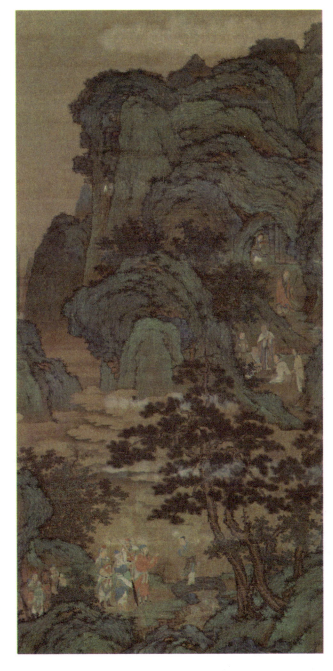

▶南宋·刘松年《商山四皓图》。商山四皓是秦朝末年四位信奉黄老之学的博士，因不满秦始皇的焚书坑儒暴行而隐居于商山。汉朝建立后，吕后在张良帮助下力请商山四皓出山，辅佐太子刘盈，以此让刘邦打消了改立太子的念头。

# 第十三章 频出奇计 安邦定国——陈平

陈平（？—公元前178年），西汉开国功臣之一，以善出奇谋著称。他『六出奇计』，为西汉王朝的建立和稳定做出了自己的贡献。从一介布衣，最终登上位极人臣的丞相之位，陈平的一生也是传奇的一生。

# 一 少年生来应不凡

陈平小时候家中很穷，但又偏偏喜欢读书。哥哥见到他有远大的志向，就主动承担所有农活，让陈平有大量的时间外出游学。

陈平渐渐长大，等到该娶媳妇的年纪，富人们不肯将女儿嫁给他，穷人家的女儿陈平又看不上。乡里有个叫张负的有钱人，他的孙女连着嫁了五次，丈夫都死了，所以就没人再敢娶她，只有陈平不在乎这一点。

有一次，张负在参加丧礼的时候一眼就看中了高大魁梧的陈平。陈平也注意到了这一点，因此故意很晚才离开。张负跟着陈平来到陈家，发现是在一个偏僻的小巷子里，用破破烂烂的草席当门，但是门口却有很多贵人留下的车轮印记。

张负回到家后，就决定将孙女嫁给陈平。他的儿子很不理解，问道："陈平这小子，既穷又不干农活，已经是咱们这儿的笑话了，您为什么要这样做？"张负摇摇头，笑着说道："哎呀，像陈平这样仪表堂堂的人，又怎么会一直贫穷卑贱呢？"于是，他不仅将孙女嫁给陈平，还叮嘱孙女要像孝敬父母一样孝敬陈平的哥哥和嫂子，并且给了一大笔嫁妆，这让陈平有了充足的钱财，交游也越来越广。

乡里举行社祭，陈平主持仪式为大家分肉，结果分得很均匀，没有一个人有意见。乡亲父老们因此纷纷夸奖陈平很称职，陈平却感慨地说道："要是让我陈平主持天下，也能像这肉一样分得均匀！"

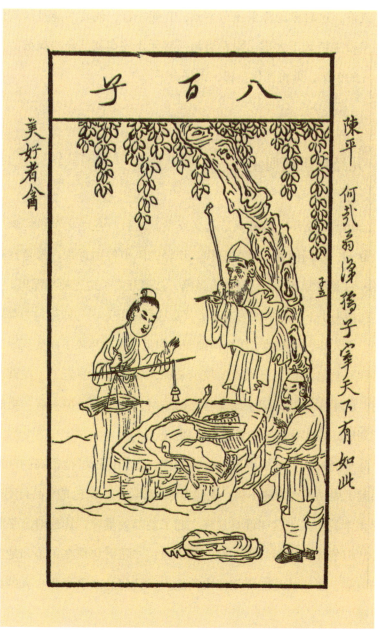

▲明·陈洪绶《博古叶子之陈平分肉》

或许，这时候的陈平还想不到，有朝一日，他真的能身居高位，协助皇帝主持天下大事。眼看当初强盛无比的秦朝已经摇摇欲坠，这个不凡的少年，即将抓住良机，大展身手。

## 二　几经周折遇明主

公元前 209 年，陈胜吴广起义反秦。之后，各地义军纷纷响应，裂土称王，如同回到了战国时代。年轻的陈平告别哥哥，先是投奔了魏王，后来因为不得志，又被人诬陷，就离开去了楚王项羽那里。

在项羽手下，陈平因为击败了背叛项羽的殷王司马卬被封为都尉。但是，不久却因为殷地（在今河南安阳附近）被刘邦攻下而受到牵连。陈平担心自己会被喜怒无常的项羽杀掉，就偷偷地溜走了。在乘船过河时，陈平发现船夫似乎图谋自己的钱财，就干脆脱掉衣服，帮船夫一起划船，这才躲过了一场杀身之祸。

陈平经过朋友的引荐最终投奔刘邦，刘邦也给了他很高的礼遇。这引起了周勃等将领的不满，他们纷纷诋毁陈平，说他是个品行不端、反复无常的小人。这些谗言最终引起了刘邦的重视，让他对陈平起了疑心。但魏无知力挺陈平，对刘邦说道："陛下您现在正是和楚王争锋的时候，要用的是能谋划江山的能人，又何必在乎那些个人的品行疑点呢？"

陈平也为自己辩解，说道："臣之所以反复，是因为之前没有遇到贤明的君主。现在遇到大王您，臣的内心已经安定。至于有时候会贪点儿小财，那是因为如果没有钱，臣没办法生存，更没办法为大王您办事。"

刘邦听了这一番话后，觉得很有道理，就向陈平道了歉，并将他升为护军中尉，专门监督其他将领，那些将领们就再也不敢多说什么了。这一次，陈平终于遇到了他的明主，那么，他会一展胸中的抱负吗？


## 三　离间之计定江山

到了公元前204年，项羽用重兵将刘邦围困在荥阳城一年之久，并在手下谋士范增的干预下，拒绝了刘邦求和的请求。刘邦请陈平出谋划策，陈平略一思忖，说道："项羽之所以能压制大王，重臣范增和钟离眜是关键。大王要想对抗项羽，就得先舍得花钱，去离间他们的关系。"

刘邦认为陈平说得对，就给了他四万斤黄金，让他任意分配。陈平就用这些黄金收买楚军将领，造谣钟离眜等人功劳很大，却不能得到封地，想要背叛项羽投奔刘邦。项羽果然就不信任钟离眜他们了，并派出使者到刘邦的地盘上来调查。

陈平故意先让刘邦用最上等的餐具和食物接待，席间却不断赞赏范增，甚至偷偷地问使者："范老先生这次让你带来什么消息？"使者不知如何回答，只好说自己是项王派来的使者。

听到使者的回答，陈平又装作十分惊讶的样子："什么？我还以为是亚父的使者，却没想到只是项王的使者啊！"于是他撤去了上等宴席，改用粗茶淡饭来招待使者。使者回去后自然把这些都报告给了项羽，让项羽对范增更是疑心，并拒绝采纳范增猛攻荥阳的建议。范增看出项羽的疑心，气得告老还乡，走到半路就气死了。

项羽反应过来中了陈平的离间计后，大怒之下，猛攻荥阳。陈平又献计给刘邦说："请大王立刻写一封诈降信给项羽，约定在东门投降。项羽一定会在东门外布置大军，我们再想办法把他在其他各门的卫士引到东门来，大王就可以从西门冲出去了。"接着，他附在刘邦耳边，跟他说了更为详细的计划。

第二天天还没亮，荥阳城东门大开。陈平调遣两千名美女，一批一批地从东门出去。项羽的士兵们一听东门外全是美女，就都争先恐后地涌向东门。就在这时，又有人大喊："汉军没粮吃了，汉王出来投降了！"

大家抬头一看，果然看到"汉王"坐在车中，在一众士兵的拥护下缓缓出了东门。一直到了楚营跟前，项羽这才发现车中之人不是刘邦，连叫"不好"。此时，刘邦早已经趁乱冲出西门，带着陈平等人向关中方向逃去了。

之后，楚汉双方陷入僵持，双方打算议和。刘邦已经同意休兵，陈平却阻止了他，说道："现在这个天下，大王得到了大部分土地，也是人心所向。反观楚军，连年征战已经让他们十分疲惫，粮食也快吃光了，难道我们不应该趁此机会一举消灭他们吗？大王您在这种时候议和，莫非是想留下后患？"

刘邦这才恍然大悟，立即发兵攻打项羽，在垓下让项羽走投无路，最终逼得霸王在乌江边拔剑自刎。可以说，是陈平连施妙计，并最终使刘邦坚定了决心，才终于一统乱世江山。

## 四　频出奇谋安天下

公元前202年，刘邦正式登基称帝，成为大汉王朝的开国皇帝。坐上皇帝宝座后，刘邦手下的开国功臣齐王韩信就成为他的心腹大患。刘邦很快就将韩信的兵权收回，并下令将韩信由齐王改封为楚王。很快，就有人告诉刘邦说韩信要谋反，刘邦自然想抓住机会讨伐韩信，但顾虑重重，于是再次请陈平出谋划策。

陈平并不愿意对付自己的同僚，但是在刘邦的一再询问下，只好问道："陛下认为自己带兵打仗的话，能打过韩将军吗？"见到刘邦摇了摇头，陈平说道："那么陛下只需要对外宣称自己去云梦泽巡游，顺便在陈州会见各路诸侯。陈州是楚国的地盘，那么韩信一定会前来，并且不会有什么防备，大王您只需要一个武士就能将他拿下了。"

刘邦听从了陈平的计策，果然顺利抓住了韩信，将他贬为淮阴侯，留在京城中，有效地制约了这个大功臣。陈平也因为这个奇谋避免了一场恶战，并且消除了汉朝刚建国就再度分裂的祸患，维护了王朝的安定。

不过，虽然内部已经安定，但塞外的匈奴却屡屡兴兵劫掠汉朝边疆。公元前200年，刘邦御驾亲征，率大军北伐匈奴。最初，汉军还算顺利，一路攻到平城（今山西大同附近），但是由于操之过急，汉军中了匈奴埋伏，被冒顿单于围困在白登山上。

寒风凛冽，汉军士兵冻得发抖，眼看就要冻死在山上。在这个危急关头，陈平通过细致的观察，一条妙计已经逐渐浮现在他的脑海中。他暗中派人送了一幅美女图给匈奴阏氏，并说刘邦打算将画中的美女送给单于来求和。阏氏十分紧张，哭着劝说单于退兵以免遭受损失。单于听后觉得有道理，也觉得不应过分逼迫汉军，于是下令撤了包围，刘邦这才得以率军逃生，陈平的奇谋再次取得成功。

吕后去世，陈平又和周勃一起平定了诸吕之乱，并且因为平乱有功成为丞相。陈平认为周勃功劳更大，将权力更大的右丞相让给了周勃。但是有一次，汉文帝连着问了几个关于民生的问题，周勃却都答不上来，最后还是陈平解围道："陛下问的这些事情，都有相应的官员管理。身居丞相高位，我们不该样样琐事都管，而是应该辅佐皇帝震慑诸侯、亲近百姓、管理好下面的这些官员。"周勃听后，觉得自己的能力远不如陈平，就称病辞去相位，让陈平一人独居相位。

回首陈平一生，从那个有"分天下之肉"大志的少年书生，辗转三任君主，行离间之计，出奇诡之谋，划江山之策，最终一展胸中青云之志，得登高位。他目睹了强秦的灭亡，也亲自参与了大汉王朝的建立。作为一个谋臣，陈平无疑是幸运的。而他的幸运，既源于丰富的知识，也应归功于卓越的远见，这样他才能趁势抓住机会，扶摇直上，最终成为参与开国的名臣。

## 原典精选

汉六年，人有上书告楚王韩信反。高帝问诸将，诸将曰："亟<sup>①</sup>发兵坑竖子耳。"高帝默然。问陈平，平固辞谢，曰："诸将云何？"上具告之……陈平曰："陛下精兵孰与楚？"上曰："不能过。"平曰："陛下将用兵有能过韩信者乎？"上曰："莫及也。"平曰："今兵不如楚精，而将不能及，而举兵攻之，是趣<sup>②</sup>之战也，窃为陛下危之。"上曰："为之奈何？"平曰："古者天子巡狩，会诸侯。南方有云梦<sup>③</sup>，陛下弟<sup>④</sup>出伪游云梦，会诸侯于陈。陈，楚之西界，信闻天子以好出游，其势必无事而郊迎谒。谒，而陛下因禽之，此特一力士之事耳。"高帝以为然，乃发使告诸侯会陈，"吾将南游云梦"。上因随以行。行未至陈，楚王信果郊迎道中。高帝豫具武士，见信至，即执缚之，载后车。信呼曰："天下已定，我固当烹！"高帝顾谓信曰："若毋声！而反，明矣！"<sup>⑤</sup>武士反接<sup>⑥</sup>之。遂会诸侯于陈，尽定楚地。还至洛阳，赦信以为淮阴侯，而与功臣剖符定封。

——《史记·陈丞相世家》

### 注释

①亟：急速地。

②趣：催促。"是趣之战也"，意思是逼迫韩信作战。

③云梦：湖名，在湖北安陆市南。本来有两个湖，云湖在江北，梦湖在江南，方圆八九百里。

④弟，同"第"，只要。

⑤若毋声！而反，明矣！：你不必大声吵闹了，你的反叛之心，已经很明白了。

⑥反接：两手反绑在背后。

## 译文

汉高祖六年（公元前201年），有人上书告发楚王韩信谋反。高帝刘邦询问众将领们，将领们说："赶紧发兵活埋了这小子。"高帝默默不语。高帝问陈平，陈平一再推辞，反问道："各位将领说了些什么？"皇上把各位将领的话都告诉了陈平。……陈平说："陛下的精锐部队跟楚地比哪个强？"皇上说："不能超过楚地。"陈平问："陛下的将领中用兵有能超过韩信的吗？"皇上说："没有谁赶得上他。"陈平说："如今陛下的军队不如楚精锐，将领的才干又赶不上韩信，却要发兵攻打他，这是促使他同我们作战，我从心里为陛下的安危而担忧。"皇上说："那该怎么办呢？"陈平说："古时天子巡察各地，会见诸侯。南方有个云梦泽，陛下只要假装出游云梦，在陈县会见诸侯。陈县在楚国的西部边界，韩信听到天子怀着善意出游，看那情势定然无事，因而会到郊外迎接拜见陛下。拜见时，陛下趁机将他拿下，这只不过是一个力士就能办到的事。"高帝觉得他的主意不错，于是派出使者告知各诸侯到陈县会面，说"我即将南游云梦"，皇上便随即出发。此行尚未到达陈县，楚王韩信果然在郊外的路上迎接。皇帝预先准备好武士，见韩信来了，立即将他拿下捆绑起来，装在副车中。韩信喊道："天下已经平定了，我本来就该当烹杀了！"高帝回过头对韩信说："你别出声喊叫了！你谋反，已经很明显了！"武士把韩信两手反绑在背后。高帝于是在陈县会见了诸侯，全部平定了楚地。高帝回到洛阳，赦免了韩信，降封他为淮阴侯，又与有功之臣剖符确定封赏。

# 知识拓展

## 陈平分肉

汉语成语，出自《史记·陈丞相世家》，原文："里中社，平为宰，分肉食甚均。父老曰：'善，陈孺子之为宰！'平曰：'嗟乎，使平得宰天下，亦如是肉矣。'"陈平分肉分得很公正，后用"陈平分肉"来形容一个人办事公道。

造句：做事情如陈平分肉，要保持公平，不能徇私舞弊。

# 第十四章 文人侠骨 刚正不阿——袁盎

袁盎（约公元前200—前150年），汉初大臣。

在西汉初年为人称道的『文景之治』中，袁盎是其中崭露头角的能臣之一。他的个性兼具儒家文人的守礼重道与墨家侠客的刚直义气，凭借独到的见解和过人的胆识，为当时的统治者汉文帝所赏识。袁盎别具一格的个性，也为后世留下了不少可以说道的故事。

# 一 为人刚直，屡次直谏

袁盎原本是楚地的人，后来被迁徙到了安陵（在今河北）。吕后时期，他在吕后侄子的门下当门客。到了汉文帝时期，他在哥哥袁哙的推荐下成为中郎，开始在朝中当官。

由于袁盎个性刚直，因此在朝中得罪了不少人。

当初绛侯周勃因为平定诸吕有功位居丞相，出入朝堂十分骄横，汉文帝觉得他有功劳，因此对他很是宽容。袁盎就问汉文帝："陛下觉得丞相是怎样的人？"汉文帝说道："是匡扶社稷的臣子。"袁盎却说道："丞相只能说是对朝廷有功的大臣，还称不上能匡扶社稷。当初诸吕作乱的时候，他就已经手握兵权，却没有行动。直到吕后去世，他那时平定诸吕，不过是顺势而为。现在他上朝有骄横之色，而陛下却谦退隐忍，这样不符合君臣之礼。"文帝明白后，对待周勃的态度就逐渐严肃起来，周勃也因此收敛了很多。

后来周勃知道此事，有一次就对袁盎说道："我和你哥袁哙很有交情，你却说我的坏话！"袁盎不以为然。后来周勃被免了相国一职，又被人上书诬告谋反的时候，别人都不敢为他求情，却只有袁盎据理力争，说明周勃无罪。周勃被释放后，知道多亏了袁盎，于是冰释前嫌，和他结为挚友。

袁盎不仅因为性格得罪过重臣，还屡次直谏汉文帝。

有一次，汉文帝在霸陵山上，想要从西边的陡坡飞车而下。袁盎担心汉文帝的安危，就骑马拽住了汉文帝马车的缰绳。汉文帝就问他："你是害怕了吗？"袁盎从容直谏："我听说身份尊贵的人不会坐在屋檐下，也不会倚在楼台的栏杆上，就是要小心这些危险而不心存侥幸。现在陛下驾着快车飞驰而下，如果发生不测，陛下纵然不爱惜自己，又怎么对得起高祖和太后呢？"汉文帝听后，就放弃了飞车下山的计划。

汉文帝一向宠幸慎夫人，慎夫人因此常与汉文帝和皇后同席而坐。一次，汉文帝到上林苑游玩，皇后和慎夫人一起陪同。等就座的时候，袁盎就把慎夫人的坐席向后拉了一些。慎夫人就很生气，不肯就座。汉文帝也跟着生气，转身回宫了。事后，袁盎又劝谏汉文帝："臣听说只有尊卑有别，内宫上下才能和睦。现在陛下已经立了皇后，那慎夫人就是妾而不是妻，又怎能同席而坐呢？陛下如果宠爱慎夫人，厚加赏赐就可以了，因为尊卑不分只会害了她，难道陛下忘了'人彘'（当初汉高祖刘邦宠幸戚夫人，后来吕后将她残忍杀害，还做成了'人彘'）的事情吗？"汉文帝这才恍然大悟，并对慎夫人转达了袁盎的话，慎夫人还因此赏赐了袁盎。

## 二　出任吴相，议杀晁错

因为多次直言劝谏，袁盎最终还是没能在京城待下去，而是被调任为陇西都尉。在任上,袁盎对待手下的士兵们很好,士兵们也都愿意为他舍身效命。但是没过多久,他就被调任为齐国丞相,很快又被调任为吴国丞相。

因为吴国地处偏远的南方,袁盎的侄儿袁种专程送别他,并对他说道:"吴王刘濞已经骄横很久了,并且可能包藏反心。你如果依然像之前一样刚直劝谏,他如果不上书弹劾你,就会用利剑刺杀你了。在南方潮湿的地方,你每天喝喝酒就能得过且过,你只要规劝吴王不必谋反就行了,这样你才能保住自己的性命。"袁盎听从了侄儿的建议,吴王果然对袁盎很是优待,并没有加害之心。

但是,吴王刘濞对汉帝国朝廷的反心由来已久。早在汉文帝时期,因为当时的太子(也就是后来的汉景帝)失手打死了他的儿子,他就已经心生不满,并开始在吴国大力发展经济,结交各方人士,做好了起兵谋逆的准备。

给了吴王刘濞谋反借口的人正是晁错,他是汉景帝做太子时就亲近的一位近臣。正是在晁错的建议下,汉景帝决心削藩,对汉初的这些诸侯王们动手,削减他们的领土与权力。于是,景帝前元三年(公元前 154 年),在吴王刘濞的组织下,汉王朝爆发了建国以来最严重的一次危机——吴楚七国叛乱。叛军高举的旗帜正是"清君侧",也就是"打倒晁错"的口号。

袁盎和晁错一向不和,二人几乎没有在一起说过话,只要袁盎在,晁错就会离开,晁错在的时候袁盎也会离开。晁错任御史大夫的时候,因为袁盎担任吴相时收受吴王财物,要论罪处罚他,最后还是汉景帝赦免，只是将袁盎贬为了平民。七国之乱爆发后，晁错认定袁盎收受过吴王的恩惠，一定知道吴王的反叛预谋，就打算趁机打击袁盎，但被下属劝阻而犹豫不决。

袁盎得知这个消息后，内心感到忧虑，就连夜求见窦婴，说自己知道吴王反叛的原因，并请求当面告诉汉景帝。在得到批准入宫后，袁盎见到晁错也在，就请汉景帝屏退左右。等到晁错出去后，袁盎就献策说道："吴楚之所以会叛乱，他们的目的只不过是恢复原先的封地而已。请陛下速斩晁错，赦免七国罪行并恢复封地，就可以兵不血刃地消除这场灾祸了。"汉景帝深思熟虑后，采纳了袁盎的建议，腰斩了晁错，并封袁盎为太常，令他秘密出使吴国。

## 三 逃过死劫，祸从口出

当袁盎以使者的身份来到吴国军营后，吴王打算任命袁盎为将领，但袁盎不肯，于是吴王就派人将他围困军中，想将他杀死。不过，被派去围困袁盎的将领，曾经是袁盎的手下，当初与婢女私通而畏罪潜逃，但被袁盎知道后并没有将他治罪，反而把婢女赏赐给他。这位将领知恩图报，时值寒冬，就变卖了身上的财物买了大量温酒，将看守袁盎的士兵们灌醉，救出了袁盎。袁盎一开始还不信吴王会杀他，就问这个将领是谁，将领就坦承他就是那个私通侍女的手下。袁盎很是惊讶，对他说道："我不应该连累你啊！"但是将领毫不在意，一直将袁盎送出吴国大营。袁盎又步行了七八里，天亮时才借到马匹，回到汉军中，并将出使吴国的情况汇报给了汉景帝。

七国之乱平定后，袁盎又担任过一段时间的楚国丞相，后来因为意见不为所用而告老还乡。他居家闲散，跟着乡里的浪荡子弟斗鸡遛狗，过得也挺快活。有一个富人不解他为何与剧孟这样的赌徒厮混在一起，袁盎就对他说道："剧孟是个赌徒没错，但他是个大孝子，而且讲义气，别人有困难的时候，他都会帮一把。请你扪心自问，自己能做到吗？"富人听后，就惭愧地退走了。

袁盎尽管赋闲在家，但汉景帝还是会时常派人来问他一些计策。汉景帝想立弟弟梁王刘武为储君，袁盎得知消息后，就进言劝谏，却因此得罪了梁王，并派出刺客刺杀他。第一个来的刺客打听到袁盎是个好人，于是放弃了刺杀的行动，并提醒袁盎小心戒备。袁盎心中很不愉快，家中又接二连三发生怪事，于是前去占卜，结果在回家的路上，被刺客刺杀而死。

纵观袁盎一生事迹，他为人刚直，敢于多次直谏君王，甚至因此得罪多人，最终落得悲凉下场。但同时，他又体恤下属，不对下属的过错过分苛责，又得到了下属们的一致拥戴，甚至也因此逃过死劫。在他的身上，体现出的是汉初文士豪气任侠的性格，这也正是"千古文人侠客梦"的由来之一。

## 原典精选

绛侯①为丞相，朝罢趋②出，意得甚。上③礼之恭，常自送之。袁盎进曰："陛下以丞相何如人？"上曰："社稷臣。"盎曰："绛侯所谓功臣，非社稷臣，社稷臣主在与在，主亡与亡④。方吕后时，诸吕用事⑤，擅相王，刘氏不绝如带⑥。是时⑦绛侯为太尉，主兵柄，弗能正⑧。吕后崩，大臣相与共畔⑨诸吕，太尉主兵，适会⑩其成功，所谓功臣，非社稷臣。丞相如有骄主色。陛下谦让，臣主失礼，窃为陛下不取也⑪。"后朝，上益⑫庄，丞相益畏。已而绛侯望⑬袁盎曰："吾与而⑭兄善，今儿⑮廷毁我！"盎遂不谢⑯。

——《史记·袁盎晁错列传》

### 注释

①绛侯：周勃，汉朝开国功臣，名将周亚夫之父。

②趋：小步快走，表示恭敬。

③上：皇上，指汉文帝刘恒。

④主在与在：指与皇帝共存；主亡与亡：指与皇帝共亡。

⑤用事：掌权。

⑥不绝如带：像细小的带子一样快要断绝。比喻吕氏专权，刘氏王朝的命脉危急。

⑦是时：这个时候。

⑧弗：不；正：匡正。

⑨ 畔：通"叛"。背叛。

⑩ 适会：恰好遇到。

⑪ 窃为陛下不取：我私意认为陛下不采取这种做法好。

⑫ 益：更加。

⑬ 望：怨恨。

⑭ 而：你。

⑮ 儿：相当于今天的"你小子"，含轻蔑意。

⑯ 谢：认错，道歉。

## 译文

绛侯周勃担任丞相，朝会完了急急忙忙地走出来，总是心满意得的样子。皇上对他非常恭敬，常常亲自送他。袁盎进谏说："陛下以为丞相绛侯是什么样的人？"皇上说："他是国家栋梁之重臣。"袁盎说："绛侯是通常所说的功臣，并不是国家的栋梁之臣。国家之臣能与皇上生死与共。当年吕后的时候，诸吕掌权，擅自争相为王，以致使刘家的天下就像丝带一样细微，几乎快要断绝了。这个时候绛侯周勃当太尉，掌握兵权，不能匡正挽救。吕后逝世，大臣们共同反对诸吕，太尉掌握兵权，又恰好遇到那个成功的机会，所以他是通常所说的功臣，而不是国家的社稷之臣。丞相如果对皇上有骄傲的神色，而陛下却谦虚退让，臣下与主上都违背了礼节，我个人认为陛下不应该采取这种态度。"以后再上朝的时候，皇上逐渐威严起来，丞相也逐渐敬畏起来。过了不久，丞相怨恨袁盎说："我与你的兄长有交情，现在你小子却在朝廷上毁谤我！"袁盎也不向他谢罪。

## 知识拓展

### 袁盎与剧孟

　　袁盎被罢官后闲居在家，每天游山玩水，斗鸡走狗，与洛阳游侠剧孟是好朋友。有人劝他："剧孟是个赌徒，不该与他交往。"袁盎说道："我知道剧孟好赌，可也知道他母亲去世的时候，前来送葬的车子有上千辆，如果这个人没有什么过人之处，怎么会有这么多人这样对待他呢？人都有危难的时候，当有人遇到灾难而上门前来求救，不会因畏惧生死和找各种理由推辞的，天底下只有两个人，一个是季心，另一个就是剧孟了。如今像你这样身边都带着护卫，可当你遇到危急之事，你觉得他们可靠吗？"袁盎骂完这个人，从此不再与他往来。当时人都十分称赞袁盎。

# 第十五章 执法严明 廉洁奉公——张释之

张释之（生卒年不详），南阳郡堵阳县人，字季，在汉文帝时期主要担任廷尉这一司法职务。他在办案过程之中，言辞犀利，逻辑严密，又能融情于理，因而闻名于世，并得到后世美誉。

# 一 显名于世

张释之小的时候，和他的哥哥张仲一起生活。长大后他成为一名骑郎（侍卫的一种），侍奉汉文帝，一直在这个职位上做了十年都没能得到升迁，依旧默默无闻。张释之觉得是浪费了哥哥的钱财，于是想要辞职回家。中郎将袁盎知道张释之是个德才兼备之人，惋惜他的离去，就请求汉文帝调补他担任谒者一职。

张释之朝见汉文帝后，就上前论述了一些利国利民的大计方针。汉文帝对此却并不感兴趣，说道："不要高谈阔论，请说一些现在就能实施的现实方法。"于是，张释之就谈起秦汉之际的事，说了很多关于秦朝灭亡和汉朝兴盛的具体原因。汉文帝听后很赞赏他，就任命他做了谒者仆射。

一次，张释之跟随汉文帝出行，登临虎圈。汉文帝询问书册上登记的各种禽兽的情况，问了十几个问题，负责管理的上林尉们都答不出来。而看管虎圈的人员从旁代上林尉回答了皇帝提出的问题，答得极为周全，想借此显示自己无法被问倒。汉文帝于是说道："做官难道不该像这样才行吗？上林尉不怎么可靠。"于是命令张释之让此人做上林令。

张释之思考了一会儿，才上前问道："陛下认为绛侯周勃是怎样的人呢？"文帝说："长者。"张释之就再一次问："那么，东阳侯

今不對更問書
夫畫夫事對於
是進畫去為令

張釋之建忠弼
坐謀竟好上林
問禽狩所有苑

坐內徒騶負年
里坐外斬珪於
留文景坐間有

畫夫喋喋小吏
非社稷坐重上
从言孝盍時有

▲东汉《张迁碑》中述及张释之为张迁的祖先等内容。

张相如是怎样的人呢？"文帝再一次回答说："也是长者。"张释之于是说："绛侯与东阳侯被称为长者，但他们在讨论时事的时候尚且不善言谈，现在陛下这样做，难道是让人们去效法这种伶牙俐齿的人吗？"

看见汉文帝沉默，张释之就继续说道："秦朝就是因为重用舞文弄法的官吏，所以官吏们办事都是以迅急苛刻为标准，然而这样做的坏处在于只流于形式，而没有情理的实质。也正是因为这个缘故，秦朝国君才听不到自己的过失，国势也日渐衰微。等到秦二世时，秦国也就土崩瓦解了。现在陛下如果因为此人伶牙俐齿就越级提拔他，我担心天下人都会追随这种风气，争相施展口舌之能而不求实际。陛下，您是皇帝，做任何事情都不可不审慎啊！"

文帝听后觉得有理，就取消了原来的打算，不再任命此人为上林令。

## 二　升迁廷尉

过了不久，太子与梁王同乘一辆车入朝，到了皇宫外的司马门也没有下车。张释之就上前阻止太子、梁王，不让他们进宫，并向皇帝检举揭发他们犯了"不敬"的罪过。汉文帝摘下帽子，谢罪说："这都怪我没把儿子教好。"薄太后也派使臣带着她的赦免书前来，太子、梁王这才能够进入宫中。汉文帝由此更看出张释之的与众不同，任命他做了中大夫。

又过了一段时间，张释之升任中郎将，跟随汉文帝到了霸陵。汉文帝北望长安，有感而发，让宠妃慎夫人弹瑟，自己则和着瑟的曲调而唱。他想到霸陵是给自己修筑的坟墓，心里就有些悲伤。汉文帝唱罢，回头对群臣说："唉！用北山的石头做外棺，用切碎的丝絮堵住外棺与内棺的缝隙，再用漆涂在上面，这样的棺材还能打得开吗？"

身边的近侍们都说，那应该是打不开了。只有张释之却走上前去说道："假如里面有了引发人们贪欲的东西，即使封铸整个南山做棺材，也还会有缝隙；假如没有，就算是很简单的一口棺材，又哪里用得着去担心别人打开呢？"

汉文帝很赞赏他的观点，后来就任命他做了廷尉。

## 三　廷尉执法

张释之当上廷尉后，有一次，汉文帝出巡经过长安城北的一座桥。突然，有一个人从桥下跑了出来，惊动了汉文帝的车驾。汉文帝命令身旁的近侍捉住这个人，将他交给张释之处理。张释之审讯之后，说他触犯了禁令，应该处罚一笔钱。

汉文帝很生气，认为张释之的处罚实在有些轻了。张释之就解释说："法律是天下人应该共同遵守的，这当然也包括您。现在法律就是这样规定的，如果再加重处罚，那么法律就不能让百姓信服。现在您既然把这个人交给了廷尉，而廷尉又是天下执法的带头人，稍一偏失，整个天下的执法者都会跟着出差错，老百姓岂不是要遭殃？还希望陛下您能够明察。"汉文帝沉默良久，这才同意了张释之的判罚。

又有一次，有人偷走了高祖庙神座前的玉环。等到罪犯被抓到后，汉文帝大怒，并将他交给张释之治罪。张释之就按法律规定以偷盗宗庙服饰器具之罪奏报，判处死刑。

文帝勃然大怒，说道："此人如此胡作非为无法无天，竟敢偷盗先帝庙中的器物，我交给你审理的目的，就是想要让他灭族！而你却死守法律条文没有从重处罚，这不是我孝敬祖先的本意啊！"

张释之脱帽叩头，谢罪说："依照法律这样处罚已经够了。况且在罪名相同时，也要区分犯罪程度的轻重不同。现在他偷盗祖庙的器物就要处以灭族之罪，那万一有愚蠢的人直接挖掉一捧土，陛下觉得又该用什么刑罚呢？"

后来，汉文帝和薄太后谈论了这件事，才同意了张释之的判决。当时，中尉条侯周亚夫与梁国丞相王恬开看到了张释之执法论事公正，都和他结为亲密的朋友。张释之也由此得到了天下人的称赞。

张释之作为汉朝时的官员，能在当时的社会体制和思想条件下，坚持一种朴素的法治精神，这在传统的封建官员当中，是极为罕见和难得的思想品格。即便是在今天看来，他的很多言行，对于我们构建今天的法治社会，依然有着积极的意义。

## 原典精选

　　顷之①，上行出中渭桥②，有一人从桥下走③出，乘舆④马惊。于是使骑捕，属⑤之廷尉。释之治问。曰："县人来，闻跸⑥，匿桥下。久之，以为行已过，即出，见乘舆车骑，即走耳。"廷尉奏当⑦，一人犯跸，当罚金。文帝怒曰："此人亲惊吾马，吾马赖柔和，令他马，固不败伤我乎？而廷尉乃当之罚金！"释之曰："法者天子所与天下公共也。今法如此而更重之，是法不信于民也。且方其时，上使立诛之则已。今既下廷尉，廷尉，天下之平也，一倾⑧而天下用法皆为轻重，民安所措⑨其手足？唯陛下察之。"良久，上曰："廷尉当是⑩也。"

　　　　　　　　　　　　　——《史记·张释之冯唐列传》

### 注释

①顷之：不久，一会儿。

②中渭桥：长安城北渭水上的一座桥。

③走：跑。

④乘舆：皇帝或诸侯王所坐的车子。

⑤属：交付的意思。

⑥跸：帝王出行时，开路清道，禁止通行。

⑦当：判决，判罪。

⑧倾：倾斜，指不公正、不公平。

⑨措：放置，安置。

⑩是：对。

## 译文

后不久，皇帝出巡经过长安城北的中渭桥，有一个人突然从桥下跑了出来，使皇帝车驾的马受了惊。皇帝于是命令骑士捉住这个人，交给了廷尉张释之。张释之审讯那个人。那人说："我是长安县的乡下人，听到了清道禁止通行的命令，就躲在桥下。过了好久，以为皇帝的队伍已经过去了，就从桥下出来，一下子看见了皇帝的车队，我一惊慌就跑起来了。"然后廷尉向皇帝报告那个人应得的处罚，说他触犯了清道的禁令，应处以罚金。文帝发怒说："这个人惊了我的马，幸亏我的马驯良温和，假如是别的马，说不定就摔伤了我，可是廷尉才判处他罚金！"张释之说："律法是天子和天下人应该共同遵守的。现在律法就这样规定，却要再加重处罚，这样律法就不能取信于民。且在当时，皇上您让人立刻杀了他也就罢了。现在既然把这个人交给廷尉，廷尉是天下公正的带头人，稍有偏失，天下执法者都会任意或轻或重，老百姓岂不会无所适从了？愿陛下明察。"许久，皇帝才说："廷尉的判处是正确的。"

## 知识拓展

### 西汉也有一位"包青天"

北宋时期的包拯因为刚正清廉，而且英明决断，勇于为老百姓做主，得到百姓爱戴，到今天已成为家喻户晓的"包公""包青天"。

张释之可以说是我国封建社会第一位著名的"大法官"，同样以秉公执法、刚正不阿和司法为民而赢得人们的赞誉。至今在河南南阳市，依然保留有人们为了纪念他而修建的张公祠古迹。

在古代社会，由于君主权力的威严，常常会有律法都难以约束的情况。张释之身为掌管天下刑罚狱讼的廷尉，秉持公平公正的原则，哪怕冒着丢官舍命的风险，都尽最大努力去维护律法的规范和公正。同时他既继承了法家"法律面前人人平等"的思想，又吸收了儒家"崇尚道德，谨慎判罚"的理念。尤其是对待弱势群体的普通百姓，不会轻易加以重罪。

张释之赞同"恶恶止其身，善善及子孙"，意思是憎恨坏人坏事，只限于做坏事的那个人，不会牵连其他；褒扬好人好事，连带其子孙也受优待。这个思想其实在今天哪怕是对我们普通人也有现实意义。如果一个人做了坏事，我们应当保持理智，不去连着别人不相关的家人也怪罪；而如果一个人对自己提供了帮助，我们是不是除了感激那个人，顺带也应该友好对待他的家人朋友呢？